让 传 统 更 有 趣

"走读丝路"丛书
张安福 主编

跟着玄奘走丝路

党琳 著

岭南古籍出版社
·广州·

图书在版编目（CIP）数据

跟着玄奘走丝路 / 党琳著. —— 广州：岭南古籍出版社，2025.3. ——（"走读丝路"丛书 / 张安福主编）. ISBN 978-7-80775-044-4

Ⅰ. K928.6

中国国家版本馆 CIP 数据核字第 2025QP5800 号

GENZHE XUANZANG ZOU SILU
跟着玄奘走丝路

党 琳 著

出 版 人：肖风华

责任编辑：赵 璐　麦永全
封面设计、插画：李 亮
内页排版：书窗设计
责任技编：周星奎

出版发行：岭南古籍出版社
地　　址：广州市越秀区恤孤院路 12 号
　　　　　（邮政编码：510080）
电　　话：（020）87776449（总编室）
　　　　　（020）87774479（售书热线）
印　　刷：广州市岭美文化科技有限公司
开　　本：787 mm × 1092 mm　1/32
印　　张：7.5　字　数：100 千
版　　次：2025 年 3 月第 1 版
印　　次：2025 年 3 月第 1 次印刷
定　　价：49.00 元

版权所有　翻印必究

如发现印装质量问题，影响阅读，请与出版社（020-87774479）联系调换。

"宁可就西而死,岂归东而生。"

这是玄奘九死一生穿越八百里流沙时立下的誓言。

他看似心静如水,波澜不惊;实则心潮澎湃,波涛汹涌。这是佛性的超脱,也有人性的执着。

1300多年前,玄奘踏上了没有悟空的取经路。10余年的步履,每一步都是信念的方向。

1300多年后,听着他的故事,踏上他的旅程,每一镜都是历史与今朝的对话。

玄奘西行取回的佛经,给人以精神慰藉;同时,玄奘之路本身就是信念之路,给人以精神力量。翻开这本书,与玄奘在丝路上重逢,赴一场心灵的朝圣之旅。

赵璐

丛书序

一个人若选择行走看世界,少不了一趟丝路之旅。

自张骞出使西域后,一条从古代关中地区经河西走廊、天山走廊到达中亚、西亚、南亚乃至地中海沿岸的陆上通道逐渐被开辟出来,将当时世界主要文明体联系在一起,极大地促进了东西方文明交流互鉴。1877年,德国地理学家李希霍芬将这条古老的道路命名为"丝绸之路"。

千百年来,丝绸之路不仅是东西方贸易往来的主要通道,也是僧侣求法、使团经行的重要路线,先后留下了大量动人的历史故事,成为今人了解丝绸之路历史过往的重要题材。

贞观十四年(640),统一了雪域高原的吐蕃赞普松赞干布向唐朝求婚,唐太宗审时度势,将文成公主嫁与松赞干布。文成公主入蕃和亲揭开了唐蕃关系的新篇章，连通汉藏两地的"唐蕃古道"出现了"金玉绮绣，问遗往来，道路相望，欢好不绝"的兴盛场景。据统计，自唐初吐蕃首次遣使入唐至9世纪中叶吐蕃灭亡，200多年间唐蕃双方使臣往来达200多次。中原的文化典籍、养蚕织造、蔬果作物等传入吐蕃；唐朝通过唐蕃古道习得印度的制糖法，汉藏间的"茶马互市"也应运而生。

同时，来往于丝绸之路的求法僧人，在追逐信仰的道路上不畏艰险，舍身求法，一往无前。如东晋高僧法显，为寻得完整的佛教经书与律仪，以60余岁的高龄西行求法。他从长安出发，经河西走廊，穿越塔克拉玛干沙漠，翻越帕米尔高原，最终到达印度和斯里兰卡，后从海上返回，前后达14年之久，成为文献记载中到达古印度并带回佛教经典的"中原第一人"。

唐代高僧玄奘，于贞观元年（627）从长安出发"偷渡"出关，穿过西域、中亚之地，历经艰险抵达北印度，在印度求法10余年后，于贞观十九年（645）回到长安。此后他将西行经历著成《大唐西域记》，填补了7世纪中亚、印度历史记载的空白。

张骞"凿空"西域、郑和远下南洋、鉴真东

渡……由此，我们可以看到，丝绸之路不仅是古代中国对外开放的东西方贸易之路，也是中华民族不屈不挠的探索之路和交往交流交融之路，更是如今践行"一带一路"倡议、构建人类命运共同体的重要路径。通过丝绸之路，我们可以看到更为广阔的群体和历史视域。

"读万卷书，行万里路。"无论是追寻和亲之路、求法之路、探索之路还是使节之路，都可触摸到千百年来古丝绸之路作为文化之路、友谊之路、贸易之路不断跳动的脉搏，走进一段波澜壮阔的历史时光。跟随张骞、郑和探索遥远的未知世界，跟着文成公主、解忧公主感受唐蕃古道、乌孙古道的和亲之路，跟着玄奘、法显打开古老的求法之门，跟着陈汤、高仙芝逐鹿中亚……通过这套跟着不同时期历史人物走读丝路的学术普及读物，读者可以跟随古人足迹重返历史现场，触摸亘古遗迹，细察千年的沧桑变化，探究遗存的文化密码，在走读中感受历史的温度。

张安福

《玄奘负笈图》 日本东京国立博物馆藏

目 录

001　**前言**

007　**陈祎从此是玄奘**
008　破格录取的少年英才
015　西行求法，去意已定

025　**设法出关，拼死一搏**
026　铤而走险觅出路
034　从这个破杀戒的弟子讲起
039　西行而死还是东归而生
044　沙漠迷路，老马识途
047　出家人的眼泪

053　**天山南麓的命运逆袭**
054　有了"御弟"新身份
064　火焰山下无法实现的诺言
068　天山内部的秘密
079　雪化之前的较量
082　雪山生死七日

097　**中亚之地的点点佛光**
098　奔赴赤山热海

107　团队核心必须是公关高手
113　此地不宜久留
122　恭御城：玄奘西行的最西端
130　"太阳升起的地方"

137　**印度的留学时光**
138　考验越来越严峻
142　印度"受伤的文明"
147　百闻不如一饮的恒河水
154　恒河边的盗匪不"佛系"
156　那烂陀的呼唤
160　他从笈多王朝走来，文武双全
167　《秦王破阵乐》的印度粉丝
170　友谊没谈成，快去搬救兵

175　**生死未卜的归程**
176　水路还是陆路
179　大象驮经，凶多吉少
191　一封来自"小西天"的陈情表
197　沙漠之中的神秘国度

203　**最后的别离**
204　慈恩寺塔的无尽荣耀
211　在如履薄冰的日子里
216　众生的怀念

226　**参考文献**

前　言

在中国历史上，有这样一位颇具传奇色彩的人物。他少年聪慧，出家为僧；他只身一人西向涉险，只为求得真经。他就是唐代高僧玄奘，也是《西游记》中"唐僧"的原型，一生波澜壮阔、跌宕起伏。

玄奘（600—664），今河南省洛阳市偃师区缑氏镇人，幼时父母相继过世，他跟随二哥长捷法师在洛阳净土寺出家为僧。隋末时局动乱，兄弟二人继续潜修佛法的愿望遭到剧烈冲击，遂不得不前往局势相对稳定的蜀地。玄奘在蜀地受具足戒（佛教戒律），并沿长江漫游佛教名胜，进一步开阔了视野。唐朝建立后，玄奘回到长安，遇到了来自印度的高僧，得以进一步学习佛教经典。在学习中他对中原佛教经典产生了较多迷茫、困惑，于是萌生了西行求法之意。他立下誓言，要循历代圣贤之迹，前往佛教的发源地印度求取佛经。

唐太宗贞观元年（627），玄奘从长安出发，一路与商人、僧侣结伴而行，到达河西走廊的凉州（今武威市），做好了"偷渡"的准备。此时唐朝边境戒备森严，玄奘先抵达瓜州（今酒泉市瓜州县），而后在胡人弟子石磐陀的帮助下成功出关。他孤身一人穿过被称为"八百里流沙"的莫贺延碛，经伊吾（今哈密市）、高昌（今吐鲁番市）沿塔里木盆地北道的阿耆尼国（今巴音郭楞蒙古自治州焉耆回族自治县）、屈支国（今库车市）进入中亚，再经中亚南行抵达印度。

经过在印度长达10余年的求学，贞观十九年（645），玄奘回到长安，受到唐太宗的礼遇，恰逢唐朝着力经营西域，他的经历为唐太宗进一步了解西域提供了翔实可信的情报。于是，在弟子辩机的协助下，玄奘奉命完成了10万余字的《大唐西域记》。书中详细记载了西域各国的面积、风土物产、军事布置等，成为当时唐人了解西域的一手资料，甚至填补了7世纪印度历史记载的空白。

在回到长安后的20余年间，玄奘不遗余力地译经、弘扬佛法。唐高宗麟德元年（664），玄奘在玉华宫圆寂,最初安葬于长安东郊的白鹿原。总章二年(669),唐高宗敕令迁葬玄奘于少陵原。于是,在今天西安市长安区少陵原上建起了护国兴教寺舍利塔,以纪念这位伟大的翻译家、旅行家、佛教理论家。

玄奘走过大漠流沙,流过辛酸之泪,也曾亡命雪山,将生死置之度外。信仰的力量给了他不断挑战未知的勇气和毅力。玄奘之后,唐代有义净、悟空等法师西行求法,宋代有出使西域的王延德,明代有陈诚五使西域,玄奘精神鼓舞了一代又一代不畏艰险、勇于探索之人。

让我们跟随玄奘的步伐,探索这长达10余年、漫漫5万余里的西行之路、信念之路、交流之路。自2017年起,我们跟随上海师范大学丝绸之路研究中心主任张安福教授(现任职于上海大学历史系),开始了重走玄奘之路的行程,从洛阳偃师缑氏镇的玄奘故里,经西安、天水、兰州、武威、敦煌进入吐鲁番,哈密、焉耆、库车、阿克苏、乌什、喀什、和田等地都留下了我们的足迹。此外,吉尔吉斯斯坦、土库曼斯坦等地直至印度境内的相关遗址遗存,也都见证了我们重走玄奘之路的勇气和决心。

在今天新疆吐鲁番市火焰山下的高昌故城，仍保存着玄奘讲经之处；在库车地区，留存有玄奘所记载的昭怙厘大寺等遗迹；在乌什西北终年积雪的别迭里山口，仿佛能看到当年玄奘率众翻越凌山、一往无前的身影；乌兹别克斯坦的撒马尔罕则见证了玄奘面对拜火教教徒烧火驱逐时强大的"公关"能力。

随着"玄奘之路"沿线出土资料的不断问世，那些尘封在古城、烽燧、墓葬、驿站等遗址中的历史往事也被一一翻开，唐代丝绸之路的交通路网构建和东西文明交流互鉴的历程得以一一重现。"天竺信命，自奘而通"，玄奘之前，中印之间多为民间交流；玄奘以后，双方建立起了友好的外交关系。结合历史典籍和多年考察经历，我们以所学为用，通过重走玄奘之路，期待向读者呈现出一个更加真实的历史人物形象，并试图追溯一段中原与南亚次大陆正式官方往来交流的沟通之旅，遂有此书。

书中所用图片部分为作者在考察途中实地拍摄，部分由张安福教授和杨林老师提供，在此表示诚挚的感谢！

跟着玄奘走丝路

陈祎从此是玄奘

隋末动乱之际,命运的考验对于一个年幼孩童来说显得格外残忍。失去父母的小陈祎被二哥带到了洛阳净土寺生活,孤苦无依的10岁孩童从此有了生活的依靠,也走上了一条更为艰辛、漫长的佛学之路。在那个动荡不安的年代,一方净土,贝叶梵音,对他来说或许是最好的选择。

破格录取的少年英才

隋炀帝大业八年（612），隋朝数十万大军围攻辽东城。这是隋炀帝第一次征伐高句丽，他亲自督战。为祈求东伐成功，隋炀帝下令在洛阳剃度14名僧人，由大理寺卿郑善果负责相关事宜。

当时，出类拔萃者达数百人之多，都争先恐后希望被朝廷选中。就在选拔已经结束，剃度事宜也接近尾声时，郑善果忽然注意到门口一个童行模样的少年正望着他，眼神明亮，眉宇间似有超凡脱俗之感。童行，就是入住寺院但尚未剃度的少年。

郑善果于是上前询问，得知少年为洛阳陈留（今开封市陈留镇）人陈慧的幼子陈祎、净土寺长捷法师的幼弟，来寺院两年有余。于是，郑善果接着问道："你愿意正式剃度为僧人吗？"陈祎回答，自己非常希望进入佛门，但是由于学习佛法的时间尚短，还没有资格剃度出家成为僧人。郑善果又问道："你为什么希望入佛门呢？"年仅13岁的陈祎说出了他的远大志向，希望继承如来的佛法，从而光大佛法，普度众生。

一番话令郑善果暗自称奇，但根据朝廷的规

定，沙弥须年满20岁才能正式出家，成为佛门一员。当时年仅13岁的陈祎也自知不合年龄，于是就在门口张望，久久不肯离去，这才引起了郑善果的注意。实际上，郑善果对陈氏家族也有所耳闻。该家族为东汉时期太丘县令陈寔的后裔，陈祎的曾祖父曾任北魏上党太守，祖父曾任北齐国子博士，父亲陈慧精通经学，更是品行端正，操守高尚，曾举孝廉，出任陈留、江陵等地县令。然而隋末政治败坏，陈慧便辞官归隐，潜心儒学研究。母亲为广平宋氏，洛州长史宋钦之女，生三子一女，陈祎是最小的儿子，洛阳净土寺的长捷法师正是次子陈素。

陈祎5岁时，慈母离世；10岁时，父亲陈慧去世，无所依靠的陈祎被二哥长捷法师带到洛阳净土寺居住。在长捷法师的悉心教导下，陈祎开始接触佛学的深奥义理和辩法技巧。来到净土寺的第二年，陈祎以童行身份在佛寺认真学习佛典。

郑善果是出了名的慧眼独具，他料定眼前这个少年将来在佛教事业上势必有所作为，又或许是有感于隋末动荡不安的局势，郑善果最终破格录取了陈祎。郑善果对同僚说道："寻常人读读佛经容易，但高僧大德的风骨实在难得啊！如果剃度了这个少年,他将来一定能有所作为,更何况他出身名门,所以这次选拔一定不能漏掉这个少年!"

自此,13岁的陈祎在净土寺剃度出家,告别了俗家姓氏,法号玄奘,正式加入僧籍,获得了朝廷给予的度牒。玄奘继续与长捷法师同住净土寺,他先后跟随景法师、严法师等学习各类经典,刻苦勤学,经常伏案诵读,废寝忘食。玄奘与生俱来的佛学天赋逐渐展露出来,他过目不忘,悟性极高,一颗大唐佛学新星正冉冉升起。

洛阳是玄奘的故乡,也是玄奘之路的起点。我们重走丝路的故事正是从洛阳开始讲起。

在今天河南省洛阳市偃师区缑氏镇,留存着一处特殊的古建筑遗址——玄奘故里。这里草木繁盛,8月的炎热天气中还能透着丝丝凉爽,令人倍感舒心。从古宅的门口拾级而上便进入了院内,整个宅子不算特别气派,但古朴雅致。玄奘自幼痛失双亲,10岁便跟随二哥住进了净土寺,他对于古宅的记忆或许已经模糊,只在内心深处留存了一丝温暖。显庆二年(657),唐高宗准许玄奘回到故里探亲,玄奘见到了自己唯一在世的亲人——他的亲姐姐,姐弟相见悲喜交集,同时,玄奘也得到了高宗许可，迁葬了父母的坟茔。这是史籍中关于玄奘回乡探望的唯一一段记载，他回到的正是我们眼前的这座古宅。

应该说，洛阳陈氏兄弟二人先后皈依佛门，一点也不意外。自佛教正式传入中原之时，洛阳便成为首屈一指的佛教重镇。东汉初，汉明帝曾夜梦神人，次日上朝向众大臣请教，得知神人为西方佛祖，于是派遣蔡愔、秦景西行求法，二人返回时用白马驮经，由此《四十二章经》等佛教经典正式传入中原，这就是著名的"汉明感梦，白马驮经"的

洛阳市偃师区缑氏镇玄奘故里

洛阳龙门石窟

洛阳白马寺

故事。今天洛阳白马寺正是纪念佛教传入中原的建筑,飞檐翘角,古色古香。此外,龙门石窟等文化遗存也都见证了历史上洛阳佛教发展的盛况。

魏晋南北朝时期,佛教迅速发展,洛阳城的佛教氛围更为浓厚。有着儒学功底的玄奘便是在这样的佛教氛围中长大,耳濡目染,他少年时即在洛阳城僧众中脱颖而出,更见其天资过人。

西行求法,去意已定

玄奘来之不易的学法时光很快被打断。隋朝政权岌岌可危,洛阳陷入混乱之中,中原生灵涂炭,大量出家人被屠杀。少年玄奘很快洞察了当下的危险处境,于是和二哥长捷法师商量,万万不能坐以待毙,二人决定离开洛阳前往长安。

此时的长安城刚刚诞生了一个崭新的政权,唐王朝国祚初立,危机四伏,朝廷在频繁用兵之际尚顾不上佛教的弘扬,整个长安城也少有开席讲法之人。玄奘颇为感慨,于是尽快另寻求学之地。

早在隋炀帝时期,东都洛阳曾设立4个道场,召集天下名僧。一时间洛阳的佛教人才济济,涌现了慧景、智脱、道基、宝暹4位高僧大德。隋末天下大乱,僧众大多进入今天的四川地区避乱,一时四川高僧云集,佛教的火花在此延续。于是玄奘建议二哥虽遇乱世但决不能虚度光阴,应该尽快入蜀求学。

玄奘兄弟经子午谷来到汉川,在这里他们遇到了昔日故友空、景两位法师,有感于天下罹乱,出家人朝不保夕,能在此相遇,悲喜交集。玄奘兄弟每日向法师虚心求教,直到1个月后,4人才相伴一起向成都出发。

成都地区高僧大德云集,大开讲席。道基、宝暹等法师正在此讲法,玄奘跟随众法师认真学法。两三年后,玄奘已经精通了各部经典,名声逐渐远扬,吴蜀荆楚地区皆知玄奘法师的风范和才学。

尽管中原兵荒马乱,但蜀中地区避开了战争核心地带,获得短暂安宁,并且粮食丰收,因而聚集了四方僧侣,每次讲席就有数百人来听,玄奘兄弟二人遂在此长驻。武德五年(622),玄奘受具足戒。具足戒又称大戒,较之于沙弥、沙弥尼所受的十戒①,戒条更为烦琐细致,其中比丘具足戒有250条,比丘尼具足戒有348条,非常详细、全面,因此称为具足戒。受具足戒后,玄奘就从一个四处求学的年轻僧侣成为一个有一定地位的法师了。

此时长安已渐趋安宁,贤能之士又开始云集长安。玄奘回归长安的意念萌生,然而朝廷不久前才颁发了"罢令还俗"的敕令,即准备征选一部分僧

---

① 十戒为不杀生、不偷盗、不淫、不妄语、不饮酒、不涂饰香鬘、不听视歌舞、不坐高广大床、不非时食、不蓄金银财宝。

侣充入府兵，二哥考虑到安全问题，竭力挽留他。玄奘自忖北上无望，倒不如沿长江而下观览盛景，顺道寻访大德，开席讲法，于是暂时放弃了立刻回长安的想法，私下与商人结伴，乘船过三峡，来到荆州天皇寺。在这里，玄奘获得了崇高的赞誉，当地僧侣听闻玄奘法师亲临天皇寺，纷纷邀请他讲法。从《摄论》到《毗昙》，从酷暑到寒冬，一直讲了3遍，众僧侣仍然意犹未尽。时李唐宗室汉阳王李瓌坐镇荆州，他德高望重，听闻百姓口耳相传的玄奘法师抵达荆州后，特前来拜访。他属下擅长佛法者也前来听讲，并在讲席间与玄奘展开辩论，来往问答，机锋迭起，在座莫不信服。更有领悟其间深意者，悲不自胜，泪流满面。李瓌被眼前的辩法场景深深折服，于是布施了大量物资，堆积如山。而玄奘对于眼前的赏赐分毫未取，他始终牵挂着回长安的事。

终于，武德八年（625），正在赵州（今石家庄市赵县）学习佛法的玄奘得知此前朝廷敕令并未完全执行，长安的僧侣仍可自由集会，交流学习；于是，玄奘没有停歇片刻，立即赶往长安，暂驻长安大觉寺，跟随岳法师学习佛法。当时长安有法常、僧辩两位大师，佛法高深，名扬海外，大量僧侣都皈依其门下。于是，玄奘也追随二法师求学。二人赞叹玄奘为"释门千里之驹"，但也感叹他们已经年迈，可能见不到将来玄奘弘扬佛法之事了。有了这两位法师的赞赏，玄奘很快誉满京城。

从玄奘少年剃度出家正式修行开始，他先后学习了大量大乘佛教经典（佛教有大、小乘之分，两个宗派区别明显），为他后来在西域、印度等地与小乘教派信徒辩法奠定了基础。多年的辗转奔波，加之在长江两岸的求学、游览经历，玄奘对当前盛行的佛学教义领悟极深，能过目不忘，穷尽要义，很多年长的法师都比不上他。10余年间，玄奘几乎走访了所有高僧大德，吸取了各家学说。然而，他发现各家学说各有所长，却也有相悖之处，令他无所适从。于是，一个伟大的念头诞生了：他决定前往佛教发源地印度求法，解开心中的疑惑，同时取回《瑜伽师地论》以解决目前佛学难题。

《瑜伽师地论》是大乘佛教的重要经典之一，我们常说的"西天取经"中的"经"，正是玄奘要求取的《瑜伽师地论》。想到前往印度取经，玄奘的脑海中首先闪过了年近六旬逾沙轶漠抵达印度，而后又泛海东归的高僧法显,以及智严法师,不禁暗自心想:他们都能不远万里前去求法,利导众生,我为什么不能呢?于是,玄奘暗下决心,身为大丈夫,他也要追随先辈的风骨,继往开来。

然而,西行求法的第一道难题就拦住了他,那就是上书朝廷,请求出关。当时玄奘联合了几个志同道合的僧侣,上书请求一同西行求法,但很快被朝廷驳回。同行人见状惶恐不已,赶紧放弃了西行计划,唯有玄奘始终不肯放弃。

此时的唐王朝正面临着开国以来最大的考验。玄武门之变后,唐太宗继承皇位,与唐朝争战已久的突厥趁唐朝内政动荡,派10万大军直至渭水便桥之北。长安城危在旦夕,紧要关头,太宗亲自出玄武门,率6人骑马直奔渭水,与突厥颉利可汗隔便桥对话。太宗厉声责问颉利可汗违反约定,言而无信,随即唐朝大军赶到。颉利可汗见唐军声势浩大,且自己的大将执失思力在此之前被擒,于是缓和态度,请求议和。太宗也随即答应了请和,此后双方斩杀白马,在便桥歃血为盟,即"便桥之盟"。突厥大军退去,长安城转危为安。但唐朝仍须时刻严阵以待,因此对外管控十分严格,尤其是西北地区河西走廊至西域一带与突厥辖境相邻之地，一律不得擅自通行，甚至百姓也不得随意离开长安城。

朝廷诏令生死攸关，长安城戒备森严，西行未走一步，重重考验已先到来。焦虑之际，玄奘想起母亲在世时曾讲过一个奇怪的梦，玄奘刚出生时，母亲梦到他身穿白衣，径直西行而去，母亲疾呼："我的孩子，你这是要往哪里去呀？"他回答："准备求法而去。"想到这里，玄奘不再害怕，他知道母亲的梦正是他成功西行求法的预兆。

经过反复思量，玄奘放弃与他人结伴而行的念头，决定独自一人踏上西行之路。这条路艰险漫长，古往今来多少人有去无回。但去意已决的他做好了面对各种艰难险阻的准备，现在，他只需要一个时机。

贞观元年（627），长安城爆发了饥荒，朝廷下令城内百姓可"随丰四出"，出城度过饥荒。时机已到，玄奘挤在逃荒的人群中，离开了长安城。在开远门外，他回望长安城，万分情绪涌上心头。开远门是隋唐丝绸之路的起点，唐代曾在开远门外竖立一块石碑，写着"西去安西九千九百里"，似乎期待着丝绸之路上的行人不断向未知发起挑战。

玄奘心想,这一去,生死难定。人们在前程未知、极度焦虑的情况下,常常会格外重视自己的梦境并仔细解析,试图找出能够解决现实难题的答案或预示,出家人也不例外。玄奘想起前几日梦见了大海中赫然矗立着的苏迷卢山①,他兴奋地想前去攀登,但突然间洪波涌起,波浪滔天,他无船可渡。就在他准备踏入海水时,波浪之间突然有石莲花盛开,形成了一条通往山上的道路。玄奘踩着莲花一路来到山下,奋力攀登,终于来到山顶。在梦境的鼓励下,他转过身,坚定地踏上了西行之路。

---

① 即须弥山,佛教中伟大的神山。

西安开远门遗址上的丝绸之路群雕

跟着玄奘走丝路

设法出关,拼死一搏

玄奘带着激动而又充满期待的心情离开了长安城。进入河西走廊后,形势越来越紧张,恐惧占据了他的内心。在与凉州都督李大亮当面"对峙"后,被朝廷通缉的玄奘反而冷静了下来,该来的总会来,与其瞻前顾后、白费时间,倒不如放手一搏。

铤而走险觅出路

离开长安后,玄奘在沿途结识了秦州(今天水市)僧人孝达,便与他结伴而行抵达秦州。秦州有始建于十六国时期的麦积山石窟,是佛教圣地之一。但玄奘无心逗留,仅仅停一宿,第二天遇到了要前往兰州(今兰州市)的人,又与他一同结伴而行。抵达兰州后,玄奘又与一位准备返回凉州(今武威市)的送马人同行。就这样,玄奘在"接力赛"式的结伴之下,终于来到了凉州。

凉州为汉开西域时就设立的边疆重镇,又称为"河西都会",向西沟通西蕃、帕米尔以西诸国,商队往来络绎不绝。同时,凉州也是僧侣云集之地,有着深厚的佛学渊源,堪称推动中原佛教发展的"源动力"。东晋隆安五年(401),在凉州滞留17年的鸠摩罗什被后秦皇帝姚苌接到长安,终于得到了在中原弘法的机会。鸠摩罗什是中国四大佛经翻译家之一,其余3位为南北朝时期的真谛,唐代的玄奘与不空,皆为中国的佛教发展作出了杰出贡献。鸠摩罗什圆寂后,其舍利塔就修建于凉州。北魏太延五年(439),太武帝灭掉北凉之后,将凉州百姓和僧侣全部迁往平城（今大同市），促使中国北方"象教弥增"，发展迅速。"象教"指的就是佛教。

玄奘想到鸠摩罗什17年漫长的等待都没有耗尽一个出家人的热情与信念，便稍感安慰。从凉州继续往西就到了当时的出关要地——瓜州，但朝廷明令"百姓不许出蕃"，玄奘也没有合法的出关过所（即通关凭证）。怎样安全出关，他需要一个万全之策。

于是，玄奘先在凉州开席讲法，再做打算。他应当地僧俗的请求，先后讲演了诸多大乘佛经，又

武威佛教圣迹——鸠摩罗什寺

将所获得的布施财物留下一半作为西行路途用资，其他的都献给了当地寺院。

一个多月的时间很快过去了，但西行出关的计划仍毫无头绪，玄奘陷入了苦闷之中。当时凉州都督李大亮奉命镇守边疆，严密防范擅自出关之人。一日，李大亮接到密报，据说一位来自长安的僧人想要出关前往西域，不知是真是假。李大亮非常震惊，很快就派人找到了玄奘并追问他实情。玄奘这才知道原来自己一路西行，沿途开席讲法，并且广泛寻找西行结伴之人，欲往印度求法的事迹早已人尽皆知。面对李大亮的严厉责问，玄奘没有隐瞒，回答他确实准备西行出关求法。李大亮大惊失色，逼迫玄奘尽快东返。

关键时刻，凉州佛教领袖慧威法师向玄奘伸出了援手。他钦慕玄奘的杰出才学和西行志向，暗地里派了慧琳、道整二弟子护送玄奘继续西行。于是，玄奘并没有东返，也暗自告诫自己不要再随意透露西行踪迹，以免走漏风声惹来麻烦。二弟子带着他昼伏夜出，终于来到了瓜州。

伫立在戈壁深处的瓜州城是唐初西部边境最后一个军事重镇，这里是玄奘西行之路的必经之处，但严格的禁边政策时刻防范着每一个试图出境的人。在今天甘肃省瓜州县县城东南约70千米的戈壁滩上，仍然保留着唐代瓜州城遗址——锁阳城。锁阳城古称"苦峪城"，"锁阳"一名的来历与大唐名将薛仁贵有关。相传奉命征西的薛仁贵曾兵困于此，粮草绝尽之时曾带领士兵挖掘锁阳为食，坚持到援军到来。锁阳是一种生长在沙漠地带的植物，不仅可以充饥补益，而且据说可以牢牢锁住阳气，即使冬季下雪之时，锁阳生长的地面也不会有积雪，雪落下后很快就会融化。因此，为了纪念此

瓜州锁阳城遗址

事,此城遂改名"锁阳城"。直到今天,甘肃地区的民众仍有挖食锁阳的传统。

瓜州城风声鹤唳,真正的考验才拉开帷幕。玄奘从笃信佛法的刺史独孤达那里打听到,从瓜州城北行50余里有葫芦河(今疏勒河),水深湍急,难以渡过。河畔有玉门关,是西行出境的必经之路,西域与中原的咽喉之地。出了玉门关后有5座烽燧,各相隔百里,除此之外的道路没有任何水草补给,因此,西行必须过五烽,之后穿过莫贺延碛就可抵达西域第一站——伊吾国(今哈密市)。

独孤达简单的描述却像是画出了无数道难以逾

瓜州锁阳城塔尔寺遗址

越的天堑。且不说葫芦河如何渡过，如果必须经过五烽之地，那就意味着必定被官方发现，等待他的即便不是死亡也是遣回的命令。玄奘刚刚燃起的希望顷刻之间破灭，他愁容满面，想起自己所乘的马匹也早在半道死去，只感觉举步维艰，一时间他计无所出。整整一个多月，玄奘沉默寡言，意志消沉。

福无双至，祸不单行。一封来自凉州的通缉令也紧跟着传到瓜州，上面写着"有一位叫玄奘的僧人，将要出境前往西域，严令所在州县即刻捉拿"。瓜州州吏李昌为信佛之人，他秘密将通缉令拿给玄奘看，询问所写之人是否就是他。玄奘犹豫

瓜州榆林窟

不决，迟迟不敢说话。李昌实际上并无缉拿玄奘之心，着急之下说道："法师你尽管实话实说，如果真是你，我愿助你一臂之力。"玄奘这才承认被通缉之人确实是自己。李昌感慨万分，说道："法师的勇气真是令人佩服！"于是当面撕毁了通缉令，并告诉玄奘，此地不宜久留，请法师尽快动身西行。

尽快西行，说着容易。玄奘困在瓜州城寸步难行，唯独忧虑与日俱增。之前护送他的道整、慧琳二弟子也各自告辞。玄奘只能走一步是一步，他先买了一匹马，做好了铤而走险的准备。当时寺里有一位胡僧告诉玄奘，他梦见玄奘坐在一朵莲花上向西而去，玄奘暗自惊喜，知道这是个极好的预兆，但他吸取上次的教训，只是轻描淡写地说道："梦境都是虚妄的，不值得一提。"

动身之前，玄奘来到寺院的弥勒佛像前祈祷，请求佛祖赐他一个西行的向导，带领他西出玉门关。或许是佛祖的垂怜，这一日，寺院里来了一位胡人，礼佛之后，胡人又绕着玄奘转了几圈，令玄奘非常疑惑。胡人笑道："我叫石磐陀，早已听闻您的大名，今日来可否请您为我剃度，并收我为弟子呢？"玄奘没有说话，仔细打量了一下石磐陀，只见这个胡人胡须浓密，典型的粟特人相貌，看上去倒是通晓事理，对佛祖也恭恭敬敬的。玄奘突然一怔，心想："难道他就是佛祖派给我的向导吗？"

玄奘不露声色，为石磐陀剃度完后，左右思量，最终向石磐陀说出了他想要西行的打算，问石磐陀是否有办法。石磐陀当即表示："这有何难，我来往这里多次，可以带着您出关，并且护送您过五烽。"玄奘大喜过望，多日阴霾一扫而空。他先为石磐陀买了一匹马，两人又商量好了出发的日子，万事俱备，只欠"偷渡"。

石磐陀是玄奘在西行路上所收的第一个徒弟，唐以后，师徒二人的形象流传甚广。在今天敦煌莫高窟、瓜州县榆林窟的壁画中，石磐陀与玄奘的形象多次出现，如榆林窟第3窟的西夏时期壁画中，石磐陀的样貌根据胡人须发浓密的特征逐渐演化为"猴面"行者形象。壁画绘制后的300余年，中国古典四大名著之一的《西游记》诞生，唐僧的大徒弟孙悟空正是以"猴面"石磐陀为原型的。直到今天，孙悟空仍是中国家喻户晓的人物，经常出现在影视剧、漫画等作品中。2024年中国首款3A游戏

榆林窟第3窟中的玄奘与石磐陀形象

《黑神话：悟空》正是以《西游记》为蓝本，再现了孙悟空神通广大、降妖除魔的英雄形象。

从这个破杀戒的弟子讲起

在形势紧迫、近乎绝望之时，玄奘选择相信石磐陀这个萍水相逢的弟子。石磐陀来自中亚昭武九姓的赭时国（今乌兹别克斯坦塔什干），是丝绸之路上的"贸易达人"——粟特人的一员。粟特人"利所在，无不至"，无论是北方草原、西域绿洲邦国还是中原各地，凡是能够做生意的地方几乎都有他们的身影。早在魏晋时期，粟特人就已广泛活跃在丝绸之路上，他们沿途贩卖商品，时常与僧侣结伴而行，为僧侣提供物资供奉，僧侣则是他们漫长旅途中的精神慰藉。石磐陀请求玄奘为其剃度，很可能就是出于这一层原因。

从长安一路西行经过兰州、凉州时，玄奘接触过不少粟特人，他们多信仰拜火教，佛教并非其原始、虔诚的信仰。加之此前彼此并无交集，他们仓促而成的师徒情谊也仅仅建立在石磐陀慕名请求玄奘为其完成剃度的基础上。而今要偷渡出关，生死攸关，石磐陀一旦食言，转而向官方揭发，后果将不堪设想。玄奘不是没有考虑过其中的风险，但想到西行之路上那些曾冒着杀身之祸帮助他的人，玄奘明白，无论如何他必须出发，他没有退路。

第二天黄昏时刻，玄奘按照约定早早藏到一处草丛间。片刻之后，石磐陀如约而至，他身后还跟着一位骑着枣红瘦马的胡人老者。玄奘一怔，不免有些担忧，心想："这个石磐陀，怎么不知道保密呢，又带了另一个人来。"正想着，石磐陀已走到他跟前，说道："法师，这位老人对于西域道路极为熟悉，他已经来往伊吾30多回了，我才把他带来问问话。"老者将西行的艰险又描述了一番,最后劝说玄奘还是三思,不要只身独行。

玄奘一心只想尽快出发,于是回答说:"还请施主不必再劝了,我为求得佛法自愿西行,不到印度我决不东返,除非我半路死去,否则无论如何是不会后悔的!"老者见他心意已决,又道明最后的意图,他希望玄奘买下自己这匹老马,说道:"别看它瘦弱不堪,它陪着我来往伊吾已经15回了,没有谁比它更熟悉这条路了!"

一切像是命运的安排。玄奘此时又回想起从长安出发前曾找术士占卜,得知他将乘坐一匹又老又瘦的枣红马匹西行,马鞍用油漆刷过,并装饰有铁片。回想这一路走来,似乎都与占卜所示相契合,玄奘于是爽快地用自己新买的健壮马匹与老者的瘦马交换。

半夜时分,石磐陀带着玄奘出发了。约三更时,他们来到了葫芦河边,与玉门关遥遥相望。夜色之下,那座关城若隐若现,像是一座高山压在玄奘的心头。两人沿着葫芦河向上游走了10里左右,河水开始变窄,于是石磐陀用木头和树枝做了一道简单的桥,用布草填沙,将玄奘和马匹都引渡了过去。

过河之后,两人相隔50余步,各自席地而眠。

　　玄奘在石磐陀的帮助下渡过了传说中常人难渡的"通天河",似乎一切进展都很顺利。不料,石磐陀的背叛也随之而来。半醒半睡之中,玄奘忽然看见石磐陀拔刀向他慢慢靠近,他大吃一惊,眼见冰冷的尖刀越来越近,玄奘并未立马起身反抗,而是闭眼假睡,心中祈祷,似乎还为这个所谓的"弟子"留有余地,期待他在最后一念间放下屠刀。石磐陀最终还是在10步之外放下了刀。玄奘这才起身开始诵经。石磐陀听到后,也没有了动静,卧身睡去。

　　天终于亮了,玄奘装作一切如常,照例呼唤

汉代玉门关——敦煌小方盘城遗址

石磐陀前去取水洗漱好尽快出发。石磐陀没有去取水,而是对玄奘说道:"我们继续向前的话,道路只会更为艰险,而且沿途补给很少,只能半夜去五烽之下偷偷取水,一旦被发觉,顷刻就会被射杀。不如我们还是原路返回,保命要紧。"玄奘听后默不作声。

石磐陀退意已定,杀心又起。他拿出随身携带的刀和弓箭,威胁玄奘走在他前面,但玄奘不肯。两人僵持着前行了数里路后,石磐陀停下来说道:"弟子不能再陪您了。我家庭负担重,只想踏踏实实做点买卖,如今王法森严,我实在不敢冒这个险啊。"玄奘当然明白他的意图,于是任他自行离去。石磐陀又说:"法师一个人肯定到不了印度的,如果半路被匪徒捉去,你怎么办呢?"玄奘平静地说道:"即使我割肉施舍众人,也微不足道,不必劳烦你引路了。"石磐陀还是不放心,始终担心受"偷渡"之事的牵连,于是逼迫玄奘发重誓:一旦被官府发现,即使死也绝不把他说出来。玄奘照做后,又送给他一匹马,石磐陀这才离去。

西行而死还是东归而生

石磐陀的贸然加入和仓皇退出,将玄奘留在了沙漠的入口。接下来,玄奘必须独自面对他西行途中最为艰险的一段路程。又是午后,孑然一身的玄奘再次踏上路途。在夕阳的映衬下,枣红色的瘦马精神抖擞,他的内心似乎也完成了一次蜕变,转而迎接更大的挑战。

在沙漠中行走,没有任何参照物,黄沙遍野,茫茫一片,玄奘只能循着前人和马匹的枯骨前行,四周充满了恐怖、压抑的气氛。这是玄奘第一次涉足沙漠,此前从未见过的海市蜃楼就足以令他心惊胆战。只见满目荒凉不见一人的沙漠中,顷刻间大军奔腾涌出,旌旗万里,金戈铁马,或走或停又飘忽不定。玄奘起初以为是强盗,走近一看,却又不见了踪影。难道是变幻莫测的妖魔鬼怪?玄奘的脚步逐渐放慢,一时间恐惧遍布全身,这时仿佛听见空中传来佛祖的声音,"勿怖,勿怖",他这才稍稍定神,继续前行。

在沙碛中艰难行走80余里后,玄奘终于见到了五烽中的第一烽。这是一座典型的中原传统的烽火台。唐代烽燧制度,"凡烽候所置,大率相去三十里",即平均每隔30里就有一座烽燧;如果在边疆特殊地带,则不必局限于30里,根据需要设置,这座烽燧正是唐朝西北地区烽燧带中的一座。由于担心被守烽士兵发现,玄奘只能先躲在沙沟之中,一动不动地等待日落。天黑之后,玄奘才直起身子,准备前往烽下取水。他来到烽火台的西边,看到了泉水,他赶紧用手捧着水喝。正当他准备用皮囊装水时,忽然有一支冷箭飞来,差点射中他的膝盖。他来不及反应,另一支冷箭又接着射来,玄奘知道自己被发现了,于是赶紧大声疾呼:"我是从长安来的出家人,请不要射我。"于是牵着马径直向烽火台走去。

守烽士兵将玄奘带到校尉王祥的面前。王祥令士兵拿起火把,仔细打量着玄奘,最后确定说:"看来不是我们河西地区的僧人,确实像从京城来的。"紧接着询问玄奘的意图。玄奘回答说:"校尉是否知道凉州那边传闻有个叫玄奘的僧人要前往印度取经?"王祥说:"传说玄奘法师已经东返了,为何在这里?"玄奘于是直接报出了自己的名字和姓氏,与通缉令上的完全一致,王祥最终确定站在他面前的就是玄奘。

此时的玄奘深知自己命悬一线,索性无所隐瞒,直接自报家门,听候发落。自是命不该绝,只见王祥说道:"西行道路艰难险阻,法师最终一定是无法到达的,今天我就不追问法师的罪过了。我是敦煌人,从小也笃信佛法,今天可以护送您前往敦煌。那里有个叫张皎的法师,德行高尚,见到您之后一定会非常高兴的,还请您不要再西行了,尽快出发,到时就留在敦煌吧。"

玄奘坦然说道:"我生于洛阳,小时候就倾慕佛法。长安、洛阳两京信奉佛法的法师非常多,吴、蜀两地的高僧大德,我都一一去拜访请教。这些年来,我全身心地投入佛法的研究中。而今选择冒死西行,我早已将生死置之度外。如果一定要拘留我的话,那就请吧,我愿意承担所有的刑罚,但决不会东返一步,决不会辜负自己的初心!"

看着眼前这位视死如归的出家人,王祥竟不知如何回答,良久说道:"今天能够遇到您,是弟子天大的幸运!您现在一定累了,暂且先住一晚,明天一早我就护送您继续上路。"

玄奘转危为安,王祥也将一切安排妥当。天

亮之后，玄奘用餐完毕。王祥派人装好水以及干粮送给玄奘，将他送到10余里之外的地方，并告诉玄奘："您从这条路直接到第四烽去，第四烽的烽长叫王伯陇，也是信佛之人，为人淳厚，您到后就说是我送您来的，他不会为难您的。"玄奘听罢道谢，两人泣拜而别。

玄奘按照王祥的指引，绕开第二、第三烽，天黑之后抵达第四烽。玄奘准备先取水，然而到了水边还未下马，一支冷箭就射来，玄奘赶紧自报身份。果然这里的烽长正是王伯陇，他得知玄奘是王祥指引而来的，异常欢喜，留玄奘住了一宿。第二天，王伯陇准备好了一个装满水的大水囊以及马麦，并叮嘱玄奘不要再去第五烽了，那里的守烽人比较粗鄙，担心法师遭遇不测，并告知从这里向西行百里有个野马泉，可以在那取水。

从王祥到王伯陇这一线，是隋唐以来从瓜州前往伊吾的捷径。经考古学家研究，五烽分别有自己的名字：苜蓿烽、白墩子、黑尖山烽、大泉烽、赤崖烽，分布在玉门关以西至莫贺延碛的一线。第五烽赤崖烽控制着莫贺延碛的入口，同时也是当时唐朝边境的最后一道屏障。离开赤崖烽，唐朝与伊吾之间就未有官方通道了，处于隔绝状态。

离开第四烽，玄奘直奔王伯陇所指引的野马泉。此时他所面对的是被称为"八百里流沙"的莫贺延碛，即今天的噶顺戈壁，横亘在瓜州与哈密之间。每年4—6月之间，玉门关外的黄沙漫天飞扬，唐诗中"春风不度玉门关"的景象或许也正是对这"上无飞鸟，下无走兽，复无水草"的沙漠的一种映射。

置身于如同群魔乱舞、恶鬼环绕的沙河，玄奘极为恐惧，心神不安，赶紧念起了《心经》，最终在《心经》的鼓励下，他战胜了沙漠中的恶鬼，也战胜了内心的恐惧。

毕竟是第一次涉足沙漠，又是孤身一人，玄奘没有任何经验。很快，他发现自己迷路了。他费尽力气稳定下来的心神又开始慌乱不堪，心想着，还好有王伯陇准备的大水囊，不如先喝水再做打算。不料，由于大水囊太过沉重，坐在马背上的玄奘一不留神就打翻了，水囊落地，里面的清水倾泻而出，待到他赶紧下马去捡时，水囊早已空空如也。

玄奘瞬间不知所措，没有找到野马泉，也不知什么时候才能走出沙漠，绝望涌上心头。与人打交道尚可回旋往复，与大自然打交道是没有商量余地的，玄奘彻底没了主意。炎热、口渴、恐惧、风沙不断折磨着玄奘，绝望中他想到原路返回，甚至为自己想好了托词。

玄奘在恍惚中就这样说服了自己。东行15里路后，他突然像是从噩梦中惊醒，发现自己竟然做出如此荒唐之事。他站在沙漠中慨然长叹："我曾发过誓言，不取到真经决不东返，宁可向西而死，决不向东而生，难道就这样放弃吗？"

于是，他又调转马头，继续向西走去。在这浩瀚的八百里流沙之中，极目远望只能看见沿途的累累白骨，曾经有多少试图走出这里的人永远留在了这里。到了夜间，四周仿佛有魑魅魍魉；白天突然又有狂风飞沙。没有水，没有任何补给，仅仅凭借着强大的意志力，玄奘在死亡与生存两端奋力挣扎。

沙漠迷路，老马识途

经过5天4夜的煎熬行走，滴水未进的玄奘极度缺水，几乎毙命。他实在无法继续前行了，于是蜷缩着身体卧在沙中，苦苦念道："玄奘此行不求钱财，也不为名利，只为无量佛法而来。菩萨顾念众生，救苦救难，如今我遭此苦难，菩萨难道不知道吗？"他的意识逐渐开始模糊，继而昏睡过去。第5天夜半，玄奘突然醒来，感觉有凉风习习，如同冷水沐浴一样，他的眼睛变得明亮，就连一向萎靡的马儿也能站起来了。感觉到体力慢慢在恢复，玄奘准备再稍睡一会，不料刚闭上眼睛，就见一位身高数丈的大神手执戟大声喝道："还不赶快前行，睡在这里做什么！"玄奘瞬间惊醒，急忙起身，趁着夜晚沙漠中稍微凉爽的天气赶紧前行。

哪知向前走了10里路，这匹枣红老马突然走上了岔路，玄奘怎么拉都拉不过来，只好任它行走。过了几里路后，一片碧绿的青草出现在眼前，玄奘先是大吃一惊，继而狂喜。他赶紧下马，任马儿饱餐一顿。这片青草是死寂、荒凉的沙漠中最美好的风景，玄奘断定周围必定有水源出现。果不其然，草地不远处有一池甘冽澄清的水，空气中弥漫着久违的湿润气息。

玄奘不敢相信眼前的一切，以为是幻觉，但那真实的、冰凉的触感告诉他，这不是梦，是可以活命的水，于是一头扎进池里。此时，他才意识到，正是这匹识途的老马驮着他找到了水草，他庆幸自己当初答应了石磐陀主持的那场"不公平"的交易，用健壮马匹换了这匹能救命的老马。

玄奘后来回到长安对弟子回忆起这段经历时，依旧很难断定老马找到的究竟是不是王伯陇口中的野马泉，他宁愿相信那是菩萨专门为他变幻出来的水池，救他苦难，助他西行。

玄奘在水池边停留一宿，人马俱欢，第二天他将大皮囊装满水，带上充足的青草，继续上路。

"八百里流沙"给玄奘留下了难以磨灭的阴影，这也是后人西行出关的巨大阻碍，它是中原与西域之间一道天然的屏障，更是行人难以逾越的心理障碍。1个多世纪后，唐代边塞诗人岑参随安西节度使高仙芝前往西域，"十日过沙碛，终朝风不休。马走碎石中，四蹄皆血流"，惨烈的情形给初次出塞的诗人留下了深刻的印象，也成为他坚定立功边塞信念的起点。从此，岑参告别中原的安适生活，走向风沙四起的边关之地。

2017年8月，我们在敦煌西缘考察时经过一片沙碛，坚硬、粗粝的砂石令人过目难忘。这种荒凉、毫无生机的景象向西南与库木塔格沙漠相连接，向西北则延伸至噶顺戈壁。在正午阳光的炙烤下，沙碛深处的热浪不断袭来，令人望而却步。1000多年前玄奘穿越凶险的流沙，百折不挠、宁死不屈的身影仿佛在我们眼前浮现。或许正是虔诚的佛教信仰构筑了玄奘丰富、辽阔的心灵疆域，让他在挣扎犹豫时能够自我救赎，一次又一次绝境逢生，重新踏上西行的道路，舍命追寻。

出家人的眼泪

让我们回到玄奘的世界。在沙碛中艰难行走的玄奘，眼前终于出现一片绿洲，这就是伊吾，从河西走廊进入西域的第一站。伊吾曾是中原的辖境，汉代就在这里开展屯田，唐朝治理西域后在此地设置伊州，下辖伊吾、柔远、纳职三县。玄奘到来之时，伊吾尚处于粟特人石万年的管辖之下，控扼丝绸之路东西交通要冲。

玄奘很快打听到一座寺院，听闻里面住着三位汉僧。玄奘还来不及进入寺院，突然从门里冲出来一位老者，玄奘望着他熟悉的中原人模样，心想应是三位汉僧之一。只见老僧胡乱披着衣服，衣带

哈密拉甫却克古城遗址（唐代纳职县城址）

都没有系好，鞋子也来不及穿，光着双脚就跑了出来，他一把抱住玄奘，号啕痛哭。老僧说："刚才听说有位来自大唐的僧人拜访，我赶紧出来看看，多少年过去了，中原战乱，边境隔绝，音信不通，想不到今天还能再见到故乡人！"

玄奘再也忍不住，泪水夺眶而出。一路走来，他躲过了官府的追捕，容忍了弟子石磐陀的背叛，经历了沙漠中缺水的绝望。他战胜了沙漠，战胜了心魔，却在他乡听到老僧一句"今日重见乡人"时泪流满面。

打量着眼前这个风尘仆仆、满身泥沙、嘴唇干裂的年轻人，老僧更为惊讶的是玄奘孤身一人穿越莫贺延碛的毅力。要知道，这片沙碛是流沙，就连经验丰富的商队也时常迷路，而且沿途可供补给之处仅有野马泉一处。当时，流沙以西的高昌国就将沙碛视为天然的屏障，与西突厥相互勾结，扣留唐朝使者并拒不朝贡。

在这里，玄奘受到伊吾王的盛情接待，并应邀在皇家寺院讲经说法。我们从敦煌到达哈密时得知，白杨沟一带至今流传着玄奘讲经说法的故事。在当地兵团的协助下，我们参观了白杨沟佛寺遗址。白杨沟佛寺遗址位于今天哈密市柳树泉农场白杨沟村东1千米处的白杨河上游，夏季近乎干涸的河道仅存细小的水流，植被稀疏却昂扬，四周有虫鸣鸟啼的声音。唐代这里人烟熙攘，佛法昌盛，对于当时刚从沙漠中九死一生走出来的玄奘是莫大的慰藉。

讲解员告诉我们，白杨沟佛寺最著名的是大佛殿遗存，据说保存有一座近10米高的佛像，但近几年已遭损坏，仅存不到3米的残垣。在白杨沟的断崖上，保存着不少石窟遗存，其形制与吐鲁番柏孜克里克石窟异曲同工，可见两地深厚的佛教渊源及当时佛教的兴盛。

哈密白杨沟佛寺遗址

哈密白杨沟佛寺遗址内景

设法出关，拼死一搏　051

哈密白杨沟佛寺遗址之大佛殿

跟着玄奘走丝路

天山南麓的命运逆袭

　　莫贺延碛的生死挣扎给玄奘留下了极大的阴影，玄奘决定取道水草充足的天山北路继续西行，但高昌王麴文泰的突然出现改变了他的行程，甚至对他的命运也产生了莫大的影响。麴文泰举全国之力助玄奘西行求法，玄奘承诺返回时在高昌讲法3年，却不知此后西域局势骤变，终成无法实现的诺言。如果说高昌以东的行程是对玄奘西行求法意志和决心的反复考验，那么，从高昌到碎叶的行程，则是对这个出家人学识、才能的历练，也是他大唐高僧形象塑造的开始。

有了"御弟"新身份

抵达伊吾后,玄奘毫不犹豫地选择天山北路作为他继续前行的道路。他受尽了沙漠的折磨,避开沙漠的天山北路正是他的理想选择。从伊吾北行,取山间隘口就有通往北路的捷径,唐代诸如"伊吾军道"等交通,就是连接伊吾到北庭(今昌吉市吉木萨尔县)的道路,可进入天山北麓腹心之地。这一路沿途水草丰美,补给充足,唯一的难题就是这条道路在西突厥的控制下。玄奘思量再三,决定取北道然后到碎叶(今吉尔吉斯斯坦托克马克市)拜见西突厥统叶护可汗,请求他的庇护。

然而一个突如其来的消息打乱了他的计划。当时伊吾王将他请进王宫供养,来自伊吾西邻高昌国的使者也得知了玄奘法师抵达伊吾的消息,于是将消息带给了高昌王麹文泰。麹文泰听闻后大喜,当天就派遣使者命令伊吾王尽快将法师送至高昌,并且派出重臣迎接法师,挑了几十匹好马放置在沿途供法师更换马匹,以便尽快抵达高昌。

高昌使者再次抵达伊吾后,玄奘来到伊吾已经10多天了。使者见到玄奘后,力陈高昌王麹文泰的心意，言辞非常恳切。玄奘无法推辞，伊吾王也不再阻拦，于是，玄奘放弃了天山北路，决定跟随使者西行，在莫贺延碛九死一生的玄奘又一次进入沙碛。他们从伊吾出发，穿过今天的南湖戈壁，进入今天鄯善县境内，即唐代"伊西南路"。

一行人在路上整整奔波了6天，天黑时分终于到达高昌境内的白力城。玄奘体力不支，请求在白力城住一宿，明天再赶往王城。使者回答说："王城就在前面，国王想尽快见到法师，还请您不要再推辞了，我们尽快赶路。"玄奘只好再次赶路，他的

高昌故城

吐鲁番高昌故城航拍图

枣红老马留给了使者，换上了高昌国在沿途精心准备的快马。半夜时分，一行人终于赶到了王城。

这是一座相当气派的王城，比此前见到的伊吾城更壮丽。玄奘还沉浸在对高昌王的想象时，城门打开，高昌王的诚意在这一瞬间折服了玄奘。只见王宫灯火通明，高昌王麴文泰秉烛出宫，亲自迎接玄奘，周围侍从手捧烛火相随，一直将他引到王宫后院，坐进一个重阁宝帐中。麴文泰殷勤问候，说道："自从听闻法师大名后激动万分，废寝忘食，一直计算着行程，得知今夜法师能到达王宫，王后、王子等人都没有休息，诵经等待法师的到来。"话音刚落，王后就带着几十名侍女前来礼拜。

麴文泰与玄奘畅谈到拂晓时分才依依不舍离去，留下几名宦官服侍法师休息。玄奘只觉不一会儿天就亮了，他还未起身就听闻高昌王已经等待在门外了，还带着王后以及众宫人前来礼拜问安。

玄奘在高昌逗留10多天，开坛讲法。古老的高昌城至今还保存着玄奘讲经处。2017年，我们在盛夏时节抵达高昌城时，远处的火焰山像要燃烧起来一样火红，唐代边塞诗人岑参曾留下诗句："火云满山凝未开，飞鸟千里不敢来。"《西游记》中

"唐三藏路阻火焰山,孙行者三调芭蕉扇"的故事就是以该地奇景为原型的。

高昌故城遗址位于今天吐鲁番市二堡乡阔纳协海尔村的南部,一部分遗址延伸至三堡乡的英吉尔村,面积约2平方千米。高昌城是一座结构类似于长安城的"三重城"遗址,坐北朝南,分为外城、内城和宫城三部分。穿行在故城遗址内,南北向大道两侧多分布着寺院遗址,北部有代表性建筑"可汗堡"。时光飞逝,高昌城先后经历了高昌回鹘、元朝等政权的统治,城内建筑也得以反复修缮、翻

吐鲁番高昌故城内城城墙遗址

吐鲁番高昌故城可汗堡遗址

吐鲁番高昌故城大佛寺遗址

新，今天呈现在我们面前的城址，其年代上溯两汉，下至元明时期，断壁残垣中埋藏着深厚的历史记忆。

烈日当空，故城遗址内格外空旷、寂静，只有三三两两的游客四处张望。我们来到"玄奘讲经处"，映入眼帘的是一座颇为壮观的建筑。讲经堂的平面呈圆形，周缘为方形的院墙。中间的墙壁分上下两层，上层向内收缩，起到隔音以及消除回音的作用，从而使听众无论远近皆能听到讲经的声音。

吐鲁番高昌故城讲经堂遗址俯视图

吐鲁番高昌故城讲经堂遗址

火焰山下无法实现的诺言

麹文泰对这位自大唐而来的高僧极为喜爱,曾多次请其他法师劝说玄奘不要继续西行。在玄奘辞行之日,他又亲自表达了要留玄奘作高昌国师的想法,且态度异常坚定,不容商榷。为什么要如此挽留一位年轻的汉僧呢?麹文泰有自己的打算。

一方面,高昌是一个"移民小社会",其中的汉族移民占据了大多数,他们为了躲避中原战乱,经河西走廊不远万里来到火焰山下定居。进入高昌境内的汉民族群体将中原文化传播至此,对当地各民族产生了重大影响。在当地局势动荡不定之时,来自中原的族源记忆对于凝聚多元族群有着不可替代的作用,因此,一位德高望重的汉僧势必有助于加强麹氏家族对境内百姓的管理。

另一方面,自6世纪末西突厥崛起后,地处吐鲁番地区的高昌国实际上就是东西突厥的交接地带,也是矛盾的集中地,唐太宗、东突厥颉利可汗、西突厥统叶护可汗,哪一个麹文泰都惹不起,任何两方联手对他而言就是致命的打击。与其说高昌需要一个讲经说法的高僧大德,倒不如说麹文泰需要一

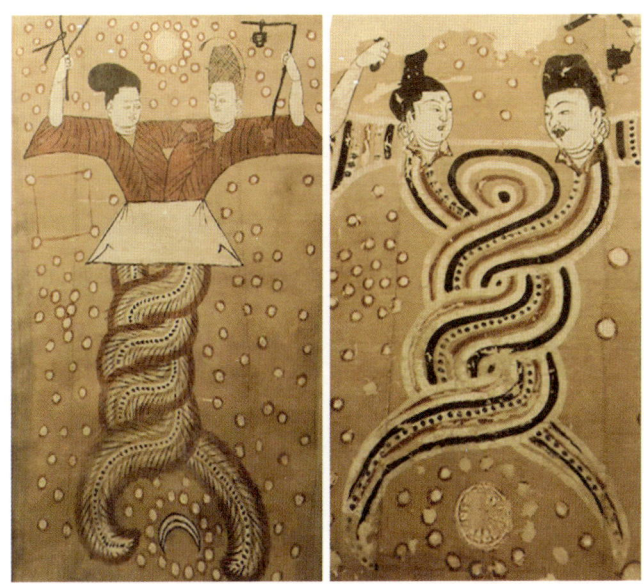

吐鲁番阿斯塔那古墓出土的伏羲女娲图像　吐鲁番博物馆藏

个来自大唐、极具社会影响力但又与军事、政治无关的角色，即便来日与大唐兵戎相见，也有周旋的余地。

于此而言，玄奘法师再合适不过了，是麴文泰进退自如、两全其美之策的最佳人选。当玄奘在凉州讲经说法的消息传至高昌后，立即就有高昌使者在伊吾等候，也说明高昌王为了选择、迎接一位唐朝高僧，暗地里在河西做了大量工作。

麴文泰考虑的是政治，玄奘只和他谈信仰。麴文泰当场勃然大怒，干脆直接命令玄奘放弃前往印度的想法，留在高昌做国师。玄奘伤心哽咽道："我一心西行，如今您只能留得住我的骸骨，也留不住我的心啊！"麴文泰不听，只是每日更加恭敬，亲自手捧食盘呈给玄奘，并增加他的供养。

麴文泰软硬兼施，玄奘绝食以对。3日之后，看着气息奄奄的法师，麴文泰万分惭愧，最终改变了主意：既然留作国师不成，那就先结拜为兄弟，待法师返回之时，请在高昌讲法3年，接受高昌的供养。玄奘一一答应下来。于是，两人一起进入道场礼佛，跪拜在麴文泰之母张太妃面前结为兄弟，玄奘自此又被称为"御弟"，《西游记》中女儿国国王深情款款地唤唐僧为"御弟哥哥"，正是来源于此。

麴文泰再留玄奘1个月，请求法师继续讲法，他则为玄奘准备西行之资。麴文泰对玄奘愈发恭敬，每次开讲时，他都亲自手持香炉迎接法师；登法座时，麴文泰俯身作台阶，让玄奘踩在自己的背上登座，每天都坚持如此，诚心备至。

麴文泰为玄奘剃度了4个沙弥作为侍从，《西游记》中唐僧先后收服了4个徒弟（包括白龙马）也许正来源于此。此外，他还赠送玄奘法服30套，眼罩、手套、靴子、袜子若干，以及黄金100两、银钱3万，绫、绢500匹，足够玄奘"往返二十年之资"。玄奘西行势必拜见西突厥统叶护可汗，而此时东天山一带正是在西突厥的控制之下，于是，麴文泰又准备了30匹马，力役25人，绫绡500匹以及2车水果（一说干果）献给统叶护可汗，派殿中侍御史欢信护送一同前往。

麴文泰亲自写了24封国书，分别呈给高昌以西的龟兹等国，每封书信附大绫1匹作为信物，其中写给统叶护可汗的信中讲道："前来的法师是我的弟弟，他将要前往婆罗门国求法，恳请您像爱护我一样爱护我的弟弟，并且令诸国为他提供驿马以便尽快西行出境。"

应该说，有了麴文泰举全国之力的资助，曾经孤身一人的苦行僧此时完成了命运的逆袭，玄奘不仅拥有了"御弟"的身份，更是有了往返之资和随行侍从。玄奘感激涕零，立下了不忘初心、舍身求法以及归来时在高昌讲法的誓言，以报答麴文泰的情深义重。

离别的日子终于到来了。麹文泰率领高昌国僧俗一直将玄奘送出城西，麹文泰抱住玄奘痛哭，众人纷纷感动落泪。麹文泰命王妃带百姓先回城，他与诸位高僧骑马将玄奘送出了数十里才依依不舍地返回。

离开高昌城的玄奘未想到的是，他许下的归来讲法是一个无法兑现的承诺。

天山内部的秘密

辞别麹文泰，玄奘一行向西进发，沿途经过绿洲小国焉耆（今巴音郭楞蒙古自治州焉耆回族自治县）。焉耆王因为记恨不久前被高昌掠夺过城池人口，对高昌王的"御弟"自然没有好脸色，这使得玄奘在崇尚佛教的焉耆仅仅停留一宿。

离开焉耆，穿过铁门关，便进入了一个"管弦伎乐，特善诸国"的绿洲王国——龟兹（今库车市），玄奘称其为"屈支"。这也是一个全民信佛的国度，龟兹王将玄奘迎进王宫供养，举国民众都沉浸在欢乐的氛围中。但玄奘却欢乐不起来：眼

天山南麓的命运逆袭　069

焉耆七个星佛寺遗址

焉耆七个星佛寺遗址之南大寺

库尔勒市铁门关遗址

见天气进入寒冬时节,继续向西便要翻越高寒的凌山,正是冰雪封冻之时,根本无法前行,眼下只能滞留龟兹,等待来年开春凌山道路上的积雪消融。

千百年后的我们也从吐鲁番经焉耆来到龟兹故地——库车。龟兹国著名的佛教圣地克孜尔石窟,位于拜城县克孜尔乡东南7千米的明屋塔格山的悬崖上,开凿于3世纪末4世纪初,比敦煌莫高窟早300多年。克孜尔石窟南临渭干河,曾经对龟兹的佛教文化产生了巨大影响。在克孜尔石窟前,伫立着一座塑像,高5米左右。塑像的原型就是出生于龟兹,足迹

拜城克孜尔石窟前的鸠摩罗什塑像

遍布西域、中原,极大地推动了佛教发展的高僧鸠摩罗什,其铜像呈沉思状,头部微倾俯视,神情泰然。

目前,克孜尔石窟共保存有236个洞窟,在中国早期艺术文化的基础上,更多地荟萃了来自中亚、印度等地的艺术精髓,平添了几分佛教艺术的原始、质朴、奔放和鲜明之感。克孜尔石窟的中心柱窟令人印象最为深刻。当时我们跟着讲解员从主室顺时针绕行进入漆黑的后室,在她手电筒打出的亮光之下,依稀看到两侧的墙壁和顶部绘制了大量壁画，一直延伸到后室，讲述了佛陀的一生，空间布局恍若能移步换景。最令人震撼的是后室墙壁上赫然画着一尊巨大的卧佛，图像清晰生动，这就是佛陀的涅槃像，他安静地侧卧着，众弟子、菩萨还有天人等环绕在侧，悲伤不已。画面继续延伸，就到了"荼毗"阶段，也就是火葬，佛陀的肉身将在火焰闪烁中开始转化。最后就是传说中的"八王分舍利"，一众国王和信徒争先恐后地希望得到佛骨舍利以延请供养。

从克孜尔石窟继续向北进入天山内部，便可看到玄奘记载的"大龙池"。玄奘说，从龟兹溯库

拜城克孜尔石窟

车河继续北上,在东境城北天祠前有一座大龙池,相传池中有很多恶龙,它们变换形态与周围的雌马交配,生下了大量凶猛无比的龙驹,这也是龟兹虽然盛产良马,但常人往往难以驯服它们的原因。此外,这些恶龙又会变换成人形,与前来取水的妇女幽会,生下的孩子非常骁勇,行走也如同奔马,于是,当地人皆以"龙种"自称,他们作威作福,不听王命,国王也拿他们没办法。

终于,龟兹金花王继位后,政治清明,并以高尚德行感动了这些恶龙,恶龙们都心甘情愿被金花王役使,并为他驾车。等到金花王快死时,他用鞭

大龙池戍堡

子触碰了这些恶龙的耳朵，它们便迅速隐匿到池子里去了，一直到现在都没有现身。至于那些暴虐的"龙种人"，相传金花王引来突厥兵攻入城内，无论老幼全部杀死，这才除掉了祸患。玄奘来到龟兹时，大龙池一带已经是荒无人烟了。

玄奘记载的大龙池就位于今天独库公路上的天山内部。2022年暑假，我们驾车从库车城出发一路向北，沿途车辆与游人熙熙攘攘，颇为热闹。穿过盐水沟关垒遗址，就正式进入了天山内部。在今天库车北部约120千米的天山深处，有两个高山湖泊，俗称大龙池、小龙池。大龙池水面面积约2平方千米，四周环山，山头白雪皑皑，终年不化，山下云杉翠柏，绿草如茵，景色壮丽。

通常人们都认为，天山如同一座巨大的屏障隔绝南北，保障塔里木盆地的安全，抵御北方草原游牧族群的南下侵袭。然而，当我们沿着独库公路继续向北进入天山腹地时，便会发现天山内部别有洞天，中原治理西域的军防布局已然延伸至天山内部，那些曾世代为草原游牧族群所占据的山间盆地、草甸、河谷等，也打上了中原农耕王朝的痕迹。仅从盐水沟至大龙池一线，深入天山300多千

天山南麓的命运逆袭　075

独库公路盐水沟路段

独库公路上的盐水沟关垒遗址

独库公路上的大龙池

米,分布着盐水关、阿艾古城等,皆为唐代安西北部军防线的重要组成。

玄奘一定不会知道,他离开龟兹后近百年的时光里,来自中原的汉族军民在天山驻防,他们开凿出了一座颇具规模的石窟,与龟兹当地百姓维持着共同的佛教信仰和精神家园。这座石窟坐落在今库车市以北70千米的天山大峡谷内,考古工作者将其命名为阿艾石窟。阿艾石窟距离唐朝驻军的阿艾古城很近,石窟壁画上发现了大量汉族供养人的名字。

古龟兹国天山内部的阿艾石窟

雪化之前的较量

当玄奘以高昌王"御弟"的尊贵身份率领西行队伍进入龟兹时,龟兹当地的一些僧徒则心思各异。眼见龟兹王对汉僧玄奘礼遇日隆,最先坐不住的正是龟兹当地佛教领袖木叉毱多,他的心思昭然若揭,就差将"不满"二字写在脸上了,他极为担心自己的佛教地位受到威胁。

就在木叉毱多暗中观察时,玄奘接收到挑衅的信号。他微微一笑,主动向龟兹王提出辩经的请求。龟兹王立即答应下来,这场高手对决也激起了龟兹国人极高的热情。

木叉毱多是龟兹小乘佛教的代表人物,玄奘从见他第一面起,就预知两人势必有一场激烈的较量。对于这次辩经,玄奘稳操胜券,他早年通读过小乘佛教经典,对此可谓是如数家珍。而木叉毱多笃信小乘,很可能对大乘经典不屑一顾,置若罔闻,对玄奘的到来更是如临大敌一般。因此,对这场辩经,双方都暗含着"正本清源"之意。

一个明媚的午后,玄奘用完斋饭,前往木叉毱多所在的寺院,也就是《大唐西域记》中记载的

"阿奢理贰伽蓝"。木叉毱多早年游历印度20余年，使得他在龟兹国声名远播，得到了国王和臣民的尊重，时人称他为"独步"。

看到年轻的玄奘，木叉毱多突然觉得自己答应辩经显得有些冒失，这样岂不是承认这个汉僧与自己在学识与地位上可以相提并论了？木叉毱多打定主意，要先给玄奘一个下马威。于是，他摆出一副前辈的姿态，并未将玄奘看作对手，也不讲法，只是说道："我们龟兹国有《杂心》《俱舍》《毗婆沙》等经论，你学这些就够了，不要再去印度受尽艰苦了。"木叉毱多的话很值得玩味，他认为：其一，玄奘学识不够，可以先从最基础的开始，龟兹所藏经典就够用了；其二，玄奘是到不了印度的，这一路艰苦异常，没有超常的毅力是坚持不下来的；其三，木叉毱多极力在掩饰自己的弱势，因为他对印度的经典并未掌握通透。

玄奘也没有寒暄，直截了当地询问龟兹是否有《瑜伽师地论》。木叉似乎并不了解，或者并未重视，他说："你还用询问这样的邪门歪理之书吗？如果真是佛门弟子，这种书不学也罢！"这个回答令玄奘异常反感，对木叉毱多为数不多的尊重也转为鄙视,随即双方进入尖锐的辩论环节。

玄奘说道:"法师所说的这些经书,我国已有,但小乘佛教道理浅显,终归不是究竟说,所以我必须寻找大乘佛教的《瑜伽师地论》,且《瑜伽师地论》是弥勒菩萨所讲,你竟然敢说是邪书,你是真不怕坠入无间地狱吗?"

木叉毱多避重就轻,说道:"你对于《毗婆沙》等一些小乘经典尚未通透,又怎能说它道理浅显呢?"

玄奘接过话题问道:"既然这么说,那法师对于小乘经典是不是全都了解呢?"

木叉毱多回答说:"我当然都知道的。"

于是,玄奘很快引《俱舍》一段文字发问,结果木叉毱多竟然不知所云,他脸色遂变,要求询问别处,玄奘又引一段,木叉毱多竟又不知,只能搪塞说并无此种说法。这时,木叉毱多已经神色异常,底牌暴露,弱势尽显,这在辩论之时属于大忌,已经处于下风。当时,正在旁听的龟兹王叔智月很较真地将玄奘所引的文字在经书中找出,并指给木叉毱多看,这让木叉毱多更是无地自容,如坐针毡。他推脱说:"我年龄大了,记不清楚属于常理，这并不能说明我不熟悉小乘经典。"

辩经结束后，木叉毱多即使输得心不服、口不服，但也不敢主动找玄奘再辩论一场，就连玄奘再找他论经时，他也是有意避开，只是对玄奘态度有所好转，不再是骄傲地坐在那里，而是每次都站起来。他常常对别人说："那位汉僧不好应对，他若前往印度，那里的年轻人中也未必有像他这样优秀的人啊！"

雪山生死七日

冬去春来，玄奘已经没有时间再去琢磨木叉毱多的态度了，因为凌山的雪开始融化了，他要出发了，大乘教派深厚宏大的佛学义理就留给木叉毱多去慢慢参透吧。

临出发时，龟兹王赠送了一些役夫和驼马，亲率僧侣将玄奘一行送出王城。此时的取经队伍规模宏大，牲畜、财宝众多，不仅吸引了沿途大量僧众的目光，也引起了天山脚下盗匪的注意，危险正在悄悄逼近。

就在一行人即将进入跋禄迦国（今阿克苏市）

时，突然，一大队人马呼啸而来，目测足有2000余骑，他们的弓箭、弯刀令人心惊胆战，众人顷刻间手足无措，只能怔怔地站在原地。等到人马靠近时，他们才看清这是一支突厥军队，于是大家瞬间明白是遭遇突厥劫匪了。

在唐代早期的丝绸之路上，除了暴风骤雨、雪山流沙，商队最害怕的就是突如其来、凶狠暴戾的突厥劫匪。当时玄奘从高昌西行经过"银山道"前往焉耆时，就听闻这里是两国交界处，也是盗贼肆虐之地。为了保障安全，玄奘一行和几个商人结伴而行，晚上一同夜宿路边。结果，这些商人为了尽快赶到焉耆做生意，天还没亮就离开队伍先行出发了。第二天，当玄奘的取经队伍追上这些商人时，竟只看到了他们的尸骸，这些商人已不幸遭遇盗匪，人财两空。此外，在今天的阿图什、新和等地，考古工作者发现大量埋藏在地下的整罐金币和其他财物，认为很可能是主人在沿途遭遇了不测，临时将钱财埋藏起来，准备等到劫匪离开后再挖出来。但最终他们都命丧刀下，这些钱财再也没人记起，千百年来长埋地下。

危急之时，一行人赶紧先将玄奘保护起来。就在双方对峙之时，劫匪们自己却吵成一团，原来他们因为分赃没有谈拢。冲突愈发激烈，他们竟然动手打起来了，最后在相互打斗、追逐中一哄而散。看着突厥劫匪逐渐远去，玄奘一行人长舒一口气，总算是有惊无险，这些财货若真被打劫了，等到了碎叶见到统叶护可汗，就不知如何是好了。

一行人继续西行600里，经过一片沙碛，进入姑墨国。玄奘忧心忡忡，只想尽快行路，于是仅住了一晚，第二天清晨就出发了。从姑墨国继续向西北方向行进300里，经过温宿故地（今乌什县）时也没有作太长时间的停留，简单准备之后，众人直奔凌山。

凌山，这座让玄奘滞留龟兹时寝食难安的雪山随即映入眼帘。古人认为凌山是葱岭北部的山脉，实际上是天山南脉东段，地处中国与吉尔吉斯斯坦之间。凌山中有一条连接塔里木盆地与碎叶川的捷径，也就是唐代"热海道"的西段，进入这条捷径的唯一山口正是勃达岭，今乌什县西北的别迭里山口。

众人在山下稍作休整，便踏上了翻越雪山的道路。继八百里流沙之后，这是西行路上最为艰险的一段，玄奘一行为此付出了惨重的代价。20余年后，玄奘仍对这段经历记忆犹新。回到长安后，他曾对弟子讲述，凌山山势险峻，冰雪覆盖，似乎自从开天辟地以来，这里就是冰雪积聚、春夏不消的无人之地，有的冰雪已经冻成了冰块。极目远望，似乎天地一色，白茫茫的，令人心生恐惧。山中道路极为狭窄并且崎岖不平，稍不留神，就有马匹从路旁的悬崖掉落，顷刻间就不见了踪影；也有侍从不慎跌落，永远留在了雪山之间。

山里风雪交加，即使穿上厚厚的鞋袜，裹上好几层皮衣，也抵不住这刺骨的寒冷。起先，玄奘只觉得寒冷无比，止不住地发抖，后来双脚开始麻木，机械地跟着众人往前攀登。晚上歇息时，才发现这里竟然都没有一处干燥的地方可供他们落脚，到处都是潮湿、冰冷一片，伴随着刺骨的寒风，众人胆战心惊。在厚厚的冰层上，众人支起锅烧水煮饭，摊开被褥在冰面上勉强就寝。雪山上的第一晚令玄奘印象尤为深刻，当时双脚的酸痛已经蔓延至腿部，他坐在冰面上紧咬牙关，一言不发。众人见他面色异常，赶紧聚拢起来将玄奘团团围住，玄奘这才缓了过来，气息逐渐平和，就这样将就了一晚。黎明时分,玄奘悲痛地发现,有几位侍从已经在风雪交加的夜晚丢了性命。

在唐代,这条从龟兹翻越凌山抵达碎叶的道路被称为"热海道",因沿途经过"热海"(今吉尔吉斯斯坦伊塞克湖)而得名。根据《新唐书》的记载,"热海道"从安西都护府治所(今库车市)出发,西行翻越勃达岭经热海进入碎叶,其走向为从安西出柘厥关,经今温宿县、阿克苏市境内,渡过阿克苏河后便行走在今乌什县境内。唐代的"大石城"很可能是乌什燕子山遗址;"粟楼烽"即别迭里烽燧遗址。这条道路自张骞"凿空"西域时就已存在,历史学家向达称它为"古代中西交通上一条最有名、最频繁的大道"。

2020年前后,乌什县修成了一条宽阔的景观大道,直通别迭里烽燧遗址。目前烽燧遗址已经过修复,高近10米,顶部呈长方形,底部是木头与泥土分层砌筑。烽燧气势宏伟,与远处的雪山融为一体,扼守着进出别迭里山口的道路咽喉。这里不仅是万里长城的最西端,也是从伊塞克湖地区进入中国的第一烽。

2021年4月,我们再次来到乌什县考察,离开

乌什县"玄奘之路"雕塑

别迭里烽燧遗址后就沿山道进入别迭里河谷。当时由于积雪融化,司机担心返回时道路结冰难行,加之海拔越来越高,车子开始"高反"了,不停熄火,他建议我们稍作停留,尽快返回。别迭里山口海拔4269米,而"别迭里"的意思正是"付出代价",我们在距离界碑12千米处不得不尽快返回,遗憾至今。

积雪覆盖的别迭里山口

别迭里河谷的道路

092　跟着玄奘走丝路

天山南麓的命运逆袭　093

别迭里烽燧遗址

玄奘翻越凌山之时，想必内心也一定如波涛汹涌。眼前一个接一个的侍者被冻死，他的身心备受煎熬。这段刻骨铭心的经历伴随了玄奘的一生，他在回到长安时曾对弟子说道："我们当时在山中整整行走了7天，备受磨难，终于走出了凌山，但是队伍中很多人都被冻死了，近一半牛马也被冻死了。"玄奘不敢再回想，但这些记忆在他"冷病"发作时仍会浮现眼前。

天山南麓的命运逆袭　095

别迭里河谷

跟着玄奘走丝路

中亚之地的点点佛光

中亚之行是玄奘"舍近求远"的一段路程,绕道碎叶拜见西突厥统叶护可汗不仅因为他受高昌王麴文泰的嘱托,而且从碎叶河谷南至铁门的广大地域都在西突厥的掌控之下,玄奘希望能够得到统叶护可汗的庇护,从而保证自己的中亚之行安全顺利。突厥信仰拜火教,中亚地区对于佛教并非像塔里木盆地诸国那般崇敬,佛教在这里生存艰难。因此,此行是福是祸,玄奘不知道。

奔赴赤山热海

从2017年开始,我们就格外关注乌什县别迭里口岸的动态。直至2024年9月3日,别迭里山口才临时开放通车。此前我们从阿克苏出发的行程最西端只能到达别迭里河谷,因此当时对于进山之后的路程只能"望山兴叹"。幸运的是,2022—2024年间,张安福教授多次带队进入中亚,重走玄奘之路,足迹遍布吉尔吉斯斯坦、哈萨克斯坦、乌兹别克斯坦、土库曼斯坦的历史名城和丝绸之路重镇。2024年暑期,追寻玄奘的足迹,张教授再次带队进入吉尔吉斯斯坦,从比什凯克出发,自东向西考察了目前分布在吉尔吉斯斯坦境内的"热海道"遗存。

考察队经过近2个小时车程的颠簸,终于到达伊塞克湖边。伊塞克湖,又称"热海",也即玄奘所记载的"大清池",地处昆格阿拉套山脉与杰兹科伊阿拉套山脉之间的山间盆地,被誉为"上帝遗落的明珠"。从南向北看,伊塞克湖像个大碗,碗里盛着的湖水碧波荡漾。这是一个高山湖泊,平均400米深,最深达800米。站在湖边放眼望去,水天相接,满目湛蓝拂去了所有的疲惫,令人倍感舒心。

"为什么叫热海呢,因为水是热的吗?"考察队中一位学员好奇地问道。"伊塞克湖地理位置特殊,周围雪山环绕,但冬天即便再冷湖面也不会结冰,这在古人看来非常奇特,所以叫热海。"张教授边走边说道,"玄奘他们肯定尝过湖水的味道,《大唐西域记》中说大清池'色带青黑,味兼咸苦',这里是他们走出雪山后获取补给的第一站。"

此时已是10月中旬,山谷中寒风骤起,但湖中一年四季都不乏游泳、戏水之人。唐代边塞诗人岑

伊塞克湖之景

吉尔吉斯斯坦伊塞克湖

参《热海行送崔侍御还京》一诗云"侧闻阴山胡儿语，西头热海水如煮""蒸沙烁石然虏云，沸浪炎波煎汉月"。诗人不曾到过热海，但人们口耳相传的神奇景象唤起了他雄奇瑰丽的想象，玄奘记载的热海"对凌山不冻"的特点化作诗人笔下夸张的蒸腾炎热之感。

唐高宗调露元年（679），唐朝收复"安西四镇"，并将碎叶纳入四镇之一，该地正式有了唐朝的驻军。长安二年（702），唐朝设北庭都护府，碎叶军镇属北庭管辖，从碎叶至北庭的"碎叶道"全线打通。自此，塔里木盆地军防布局严密完善，吐蕃只能绕道中亚寻求进攻西域的契机。因此，在8世纪初，吐蕃多次经大小勃律进入中亚，与驻扎在碎叶的突骑施取得联系，双方通过联姻建立密切的合作关系。直至今天，伊塞克湖畔还留存着吐蕃文石刻，见证了当年来自青藏高原的族群周旋于河中地区的历程。

1888年8月5日，俄国探险家普尔热瓦尔斯基开始了他的第5次探险。普尔热瓦尔斯基是19世纪末20世纪初进入中国新疆探险、攫取文物的西方探险队的一员，他一生都沉迷于探险考察，发现了普氏野马，发现罗布泊是"游移的湖"。当时普尔热瓦尔斯基计划从伊塞克湖附近的卡拉科尔出发，但总感觉凶多吉少，在途经伏龙芝（今比什凯克市）时，他喝下了路旁一个池塘中的生水，结果感染了伤寒病。重病持续3个月不见好转，他挣扎着终于到了卡拉科尔，只觉大限将至。11月1日，他在卡拉科尔去世，弥留之际留下遗言："请殓我以探险服，把我埋葬在伊塞克湖边波浪拍打不到的地方。"1939年，为了纪念这位探险家，卡拉科尔市改名为普尔热瓦尔斯克。

伊塞克湖畔的吐蕃文石刻

从伊塞克湖向西北行500余里就来到了碎叶城，其遗址位于今吉尔吉斯斯坦托克马克市一角。城内断壁残垣，城外杂草丛生，偶尔有三三两两的游人走过，不知是否还会有人记起1000多年前翻越雪山、九死一生来到这里的玄奘一行人。

当时进入碎叶的玄奘心事重重，他担心崇尚火神的突厥人会与他这个佛教徒起冲突，又担心麴文泰交代他的事情不能顺利完成。

统叶护可汗是西突厥射匮可汗的弟弟，618年即大汗位。他在位期间，开创了西突厥汗国的鼎盛时期，不仅控制了整个塔里木盆地绿洲诸国，而且北并铁勒，南越阿姆河，占领了铁门以北的粟特地区，辖境广阔，兵力强盛。由于活动在蒙古高原的东突厥势力强大，不断侵扰西突厥辖境，统叶护可汗于是决定采取联合唐朝抗击东突厥的政策。唐高祖武德二年（619），统叶护可汗就曾派遣使者来唐，商议联军大事，与唐朝保持着友好关系。

大唐高僧玄奘的到来令统叶护可汗极为高兴，3天后，他在牙帐正式接见了玄奘。这是玄奘第一次正式参观西突厥可汗的牙帐，牙帐内极尽奢侈辉煌，突厥人崇敬火神，对于木器敬而远之，因此牙

碎叶地区出土的开元通宝 吉尔吉斯斯坦布拉纳古城遗址
博物馆藏

帐内没有设置木质坐具。于是他们在地上铺上厚厚的毯子,并为玄奘提供了一张铁脚床,在上面铺上垫子请玄奘入座。

在帐内,又有大唐使者和高昌使者一起觐见可汗,递交国书,献上信物,可汗一一过目后十分愉悦。根据学者的推测,这位出现在可汗牙帐内的大唐使者,很可能正是唐初出使西域的张弼。由于种种原因,此时的玄奘和张弼并未相认,也可能有所交集但未出现在玄奘的记述中。直到2019年《张弼墓志铭》的出土,才使得大唐使者张弼这段出使西域的经历拂去了历史的尘埃,为世人所知晓。

玄奘离开碎叶城后70余年,盛唐诗坛上一颗耀眼的明星降生于此,他就是家喻户晓的诗仙李白。

由于祖上获罪,李白父亲李客早年随祖辈迁至碎叶城,迎娶了一位粟特胡女(一说突厥女),生下了混血儿李白。在李白5岁的时候,李客带领全家从碎叶长途跋涉回到四川故里,李白也正是因为名籍未上报户部,终生不能参加科举,李白两个儿子的小名为明月奴、颇黎,也正蕴含着浓厚的西域文化色彩。一段塞外成长的经历、一颗狂热的心跟随大唐盛世不断跳动,成就了李白诗歌的浪漫与豪放。

"洗兵条支海上波,放马天山雪中草""明月出天山,苍茫云海间"……我们喜欢李白,而西域的关山大漠、热海湖畔的孤城落日,或许比我们更期待这样一位天才诗人的出现。

吉尔吉斯斯坦托克马克市碎叶城遗址

团队核心必须是公关高手

钱文忠在《玄奘西游记》中称玄奘为一位"公关高手"。的确,离开高昌王麴文泰之后,便不会再有人为他细心考虑并安排周到,包括准备好御寒衣物,帮他写好国书与西突厥统叶护可汗沟通,帮他打点好一切。当玄奘带领取经队伍重新踏上丝绸之路后,所有一切突发、棘手的事情都需要他独自面对,若非公关高手,即便是携带20年物资、24国国书,在西突厥的辖境内恐怕也是困难重重。

在碎叶城的玄奘自然也打起十二分精神,生怕有所闪失。碎叶城为丝绸之路的重要集散地,大量来自南亚、西亚等地的商人、使者、僧侣等都会行经这里。突厥人对于佛教多少有一些粗浅的了解,拜火教与佛教之间的文化异同也自然成为大家共同讨论的话题。饭后,一些突厥人兴致勃勃地请玄奘为他们讲法。

玄奘深知众人仅是猎奇,希望他讲法助兴而已。想到西行途中多次遭遇突厥盗寇,又知他们常年宰杀牲畜食用,玄奘就讲起了通俗易懂的"十善",这是佛教对世间善行的总称,劝说他们不杀生、不偷盗、不邪淫、不妄语、不两舌、不恶口、不绮语、不贪、不嗔、不痴，如此可积累功德。此外，面对众人共有的对于生死的困惑，玄奘又引经据典予以解惑。应该说，佛教与拜火教关于生死这个永恒话题在某种程度上实现了融通，众人顿感心悦诚服。这个来自唐朝的高僧，确实给当时这个充满杀戮、争夺、动荡的地方带来了新鲜活力。一些到过印度的突厥人甚至向玄奘建议道："印度那个地方天气炎热，人民粗鄙不堪，没有什么值得观赏的。法师您皮肤白净，儒雅敦厚，到了那里恐怕直接就晒化了。您还是不要去印度了，就留在碎叶讲法吧。"

玄奘自然是拒绝了这番"好意"。让这些笃信拜火教的突厥人不排斥佛教并且对佛法产生兴趣，又让统叶护可汗对他们一行关照有加，玄奘此行碎叶的目的已全然达到。

从碎叶向西百余里，玄奘来到俱兰城，这里是唐代从碎叶通往怛罗斯的必经之地，在西域史上的地位举足轻重，其遗址位于今哈萨克斯坦江布尔州东面的卢戈沃伊附近。在俱兰城，玄奘最担心的事情还是发生了。这里的民众皆为虔诚的拜火教教徒,对于玄奘这些"外教"极为抵触,甚至有人烧着火把在后面追赶他们,玄奘一行人叫苦不迭。

如果说在俱兰城的遭遇尚不足一提,那么当玄奘一行人到达康国时,拜火教徒更为强烈的排斥与恶意令玄奘不得不想个对策。康国是"昭武九姓"的核心腹地,即撒马尔罕,《大唐西域记》称其为"飒秣建国",在粟特地区占据重要地位。飒秣建国民众虔诚信奉拜火教,境内虽然有两所佛教寺院,但从来没有僧侣居住。当外来僧人想要借宿时,就有胡人用火把僧侣们驱逐出去。飒秣建国国王对玄奘这一行人自然是十分傲慢无礼。

然而玄奘并不恐慌。拜火教对佛教徒的排斥不外乎自诩其伟大和唯一,以及对佛教的陌生和抵触,那就从佛教的普及入手,玄奘迅速开座讲法。经过一夜的努力,玄奘口出妙语,舌灿莲花,加之佛教与拜火教教义中关于生死、轮回等相同的理念,使得这些虔诚的拜火教教徒对佛教有了似曾相识的感觉。讲毕,国王只觉欢欣鼓舞,对玄奘佩服得五体投地,他说自己体会到了佛法无边,甚至表示要守持斋戒,对待玄奘也变得殷勤起来。

一波未平,一波又起。就在玄奘正与国王谈话

哈萨克斯坦江布尔俱兰城遗址

俱兰城火祆庙遗存

俱兰城遗址内部

间，随行的两个小沙弥进来禀报："我们刚刚在寺院里参观，结果突然被一群手持火把的胡人驱赶，差点就跑不出来！"两个沙弥满腹委屈。玄奘一惊，还未开口，只见国王立刻站起来，说道："竟敢如此无礼，立即将放火之人抓起来，砍断他们的手，让百姓都来看看！谁要是再不尊敬法师，就是这个下场！"

玄奘心中明白，此事必然是当地拜火教徒所为，拜火教势力强大，正面对抗是没有任何好处的，甚至会影响到他们接下来的行程。于是，玄奘连忙劝阻国王，国王听后，对玄奘更是肃然起敬。

此地不宜久留

在碎叶城与飒秣建国之间，有一处是非之地，即怛罗斯城，玄奘记作"呾逻私城"。这个在《大唐西域记》中仅用了34个字描述的、似乎平平无奇的地方，数个世纪以来却都充斥着金戈铁马，动荡不安。这里曾是"大唐的极限"，是通往碎叶的"热海道"交通路网辐射最远的区域，在世界史上留下了浓墨重彩的一笔。

此时的怛罗斯尚在西突厥统治之下，一切暂时风平浪静。玄奘所见到的怛罗斯城，城池周长八九里，是诸国商胡杂居之地，这里的土地、物候、风俗等与碎叶地区大致相同。怛罗斯是丝绸之路上一处重要的交通节点和贸易集散地，来自塔里木盆地或北方草原的商队皆在此停留、中转，以怛罗斯为中心的交通网络辐射波斯、印度、疏勒、天山北麓直至蒙古高原，四通八达的交通路网和显著的战略优势注定了怛罗斯是丝绸之路东西往来的必经之地，也是军事征战的必争之地。

怛罗斯位于今哈萨克斯坦江布尔州塔拉兹市，奔腾流淌的塔拉兹河是这座城市的母亲河，在中原史籍记载中，塔拉兹河被称为"都赖水"。西汉时期，匈奴五单于争立，由于汉朝扶持呼韩邪单于，导致郅支单于争权失败后非常怨恨汉朝，时常截杀汉使。随着呼韩邪单于坐大，郅支单于自知再也无望争雄，于是率部西奔康居，进入今天哈萨克斯坦境内。康居王为了安抚并笼络郅支单于，将女儿嫁给他，郅支单于也将女儿嫁给康居王，双方结成了牢固的联盟关系。康居王极为礼遇郅支单于，希望借助郅支单于的威望震慑中亚诸国。这也使得郅支

中亚之地的点点佛光　115

怛罗斯古城遗址

单于有恃无恐，联合康居兵力肆意侵扰乌孙，甚至一度深入其王都所在的赤谷城，烧杀抢掠。由于惧怕其兵威势众，乌孙惨遭抢掠却也无可奈何，以至于赤谷城以西近千里之地无人敢居住。

随着郅支单于坐大，其野心与私欲也愈发膨胀，甚至连康居王也不放在眼里，准备脱离其节制自立。于是，郅支单于将夫人即康居王的女儿以及贵族大臣还有数百民众杀死，并将其肢解投进了都赖水，手段极其残忍。此后，郅支单于更是发动民众花费两年的时间在塔拉兹河畔为他修筑宫殿，准备自立为王，而后遣使至阖苏（康居西北一带的游牧部落）、大宛诸国，迫使其对他称臣纳贡。就连汉朝三番五次地派遣使者就他斩杀汉使而问罪时，郅支单于都毫不在意，甚至再次将汉使囚禁起来，其种种暴行、骄慢无礼的举动已经令汉朝和中亚诸国极为不满。

时机终于到来，西域副校尉陈汤矫诏出兵，与西域都护甘延寿亲率兵马越过别迭里山口，也就是玄奘翻越的凌山，进入康居境内。据说，伫立在塔拉兹河畔的郅支城是一座仿罗马式风格的城堡建筑，里外三重，城外一层土城，外又有一层木城，防御森严。汉兵包围郅支城后，以弓弩骑射为掩护，步兵为先锋，焚烧木城，射杀出城逃亡的兵卒，斩杀众多。披甲坐镇城楼之上的郅支单于一开始镇定自若，直到冷不丁被一箭射中了鼻子，才瞬间惊惶不安。

康居王尝尽了被郅支单于背叛的滋味，恨不能手刃之，只是考虑到唇亡齿寒的危险，于是率兵救援。但康居王并未全力以赴，尽管其1万余骑分至10余处与郅支单于士兵相策应，但看到汉兵势强，康居王就及时收兵，不战而退。木城破后，土城也被顺利攻下，汉兵们将郅支单于斩杀，一雪前耻，陈汤也留下了那句"明犯强汉者，虽远必诛"的誓言。

玄奘离开怛罗斯后百余年，大唐正值盛世，安西军队兵出万里，在怛罗斯城与大食军队展开了一场激战，这就是著名的怛罗斯之战。750年，阿拔斯王朝取代了倭马亚王朝，古代中国史籍称其为"黑衣大食"，并以巴格达为中心，不断向四周扩张。与此同时，唐朝的势力也已经远及帕米尔以西，并时刻关注着中亚局势的变动。因此，唐与大食之间的冲突在所难免。

怛罗斯之战的主角是被誉为"山地之王"的唐

塔拉兹河之景

朝大将高仙芝。高仙芝是高丽人，仿佛生来就是天纵之才，少年时便征战沙场，与父同行，开元末期为安西副都护、四镇都知兵马使。怛罗斯之战前，高仙芝因战功卓著已官至安西节度使，因此自认为和大食的交战胜券在握。

此战中，高仙芝先发制人，他集结了大量的汉兵以及当地番兵近3万人，从安西出发，翻越别迭里山口，深入700余里，在怛罗斯与大食军队相遇。双方强强相遇，激战数日不分胜负。正在酣战之际，唐军队伍中的葛逻禄军队突然易帜倒戈，转而斩杀起了唐军。一时间，唐军腹背受敌，军心大乱，很快落于下风。高仙芝麾下大将李嗣业见局势越来越糟糕，赶紧劝说高仙芝先行逃亡。但当时道路被拔汗那的人马堵塞，唐朝人马都动弹不得。危急之下，李嗣业手持大棒骑行在高仙芝前面，奋力杀敌，终于护送高仙芝逃离了战场。

如今的塔拉兹市，据说正是奠基于西汉时期郅支单于停驻康居之时。如今该市市区、城郊分布着郁郁葱葱的林木，村庄密集，人烟阜盛，很难想象这里曾是战火纷飞之地。当考察队走到一片颇为荒凉的山丘时，只见山石突兀，杂草丛生，满地枯黄，有人不禁感慨："我们此刻脚下的土地可能就是古战场！"怛罗斯之战是一场大规模的遭遇战，其战场遗存必定不止一处，因此，目前江布尔州所分布的几处古战场很可能皆是遗址所在地。

怛罗斯之战后，唐朝大量的士兵、工匠被俘，其中就包括唐朝中叶宰相杜佑的族子杜环。杜环此后随大食军队辗转西亚、北非等地，于宝应元年（762）搭乘商船从广州登岸，将自己的经历写成了《经行记》，原书已散佚，但大部分内容被杜佑的《通典》所收录。更值得一提的是，怛罗斯之战促成了造纸术西传，大马士革、巴格达等地相继建立了造纸厂。此后，埃及、西班牙、法国、意大利、德国、英国都先后受到了中国造纸术的影响，英国李约瑟说道："中国的发明曾为欧洲的文艺复兴铺平了道路。"

恭御城：玄奘西行的最西端

玄奘根据往返印度经行万余里写成的《大唐西域记》中，道路里程都是准确无疑的吗？若问其中是否有错讹，答案是肯定的。一处错误就出现在关于中亚之地的记载中，考古学家林梅村回答了这个问题。林梅村先生经过严密考证，认为恭御城为玄奘西行的最西端，从恭御城向石国的走向应为东南行，此处玄奘记为"南行""西行"，应有所讹误。

恭御城并未给玄奘留下深刻印象，或者说在当时看来恭御城的地缘优势及战略地位并不突出，它在"情报手册"《大唐西域记》中仅仅占了"城周五六里。原隰膏腴，树木翁郁"13个字。此时的锡尔河右岸还处于一片安静祥和之中。随着时间推移，恭御城又改名为讹答剌城，并在世界历史上留下了重要的一笔。

故事要从一个叫作花剌子模的国家讲起。早期，花剌子模是一个地理名词，唐代称为"火寻"，指的是中亚西部阿姆河下游、咸海南岸一带的区域，主要分布在今天乌兹别克斯坦和土库曼斯坦两国的土地上。

9世纪末，唐朝势力基本退出西域后，西迁的回鹘与葛逻禄相结合建立了喀喇汗国，中亚成为喀喇汗国与周边势力争霸的区域之一。12世纪，西迁而来的耶律大石率领契丹余部在西天山建立了西辽帝国。在西辽与塞尔柱帝国争霸中亚的过程中，花剌子模已经成为一个必争之地。

1142年，西辽与塞尔柱帝国在撒马尔罕以北的卡特万草原展开决战。耶律大石以少胜多彻底击败塞尔柱帝国，苏丹桑贾尔的威望在中亚一落千丈，逐渐退出了历史舞台。桑贾尔死后，其陵墓就位于今土库曼斯坦的梅尔夫古城。西辽耶律大石夺得了中亚的统治权，将花剌子模等喀喇汗国故地都纳入辖境范围，讹答剌成为西辽境内的一个重要交通枢纽。

蒙古西征后，西辽帝国势力大衰，花剌子模趁机独立，成为中亚地区屈指可数的强国之一。在阿拉丁·摩诃末统治的帝国鼎盛时期，花剌子模占据丝绸之路要冲，逐渐骄慢无礼。1215年，成吉思汗遣使至花剌子模缔结贸易协定。当时蒙古派出了450人的商队，携带500头骆驼以及大批金银财宝抵达花剌子模边境城市讹答剌。但当地首领见财起意，竟然诬陷商队使团是蒙古派来的间谍，上报苏丹之后就将使者全部屠杀，将骆驼、财物等悉数侵吞。

这一举动，侮辱性极强。成吉思汗决定率兵亲自讨伐这个傲慢无礼的中亚小国。

以"讹答剌事件"为导火索，1221年，蒙古大军迅速打下讹答剌，而后又攻占了玉龙杰赤城，夺得花剌子模几乎所有的领地，同时拉开了蒙古全面西征的序幕。从1219年到1221年，历时3年的征战，花剌子模彻底被摧毁；1231年，花剌子模正式灭亡。

讹答剌古城为5—6世纪时由粟特人所建立，如今的讹答剌古城遗址轮廓清晰可见，中央城堡保存较好，底部为近年来新修，其他部分在成吉思汗进攻时毁坏。这里也保存着完好的土耳其式浴室遗址，有大厅和单间沐浴区。考古发现，讹答剌城的土耳其式浴室遗存与新疆奇台县的唐朝墩古城浴场遗址结构如出一辙。这种古老的浴场建筑文化从地中海沿岸传至中亚，又从讹答剌沿着天山廊道传至中国新疆地区，是丝绸之路东西方文化充分交流的历史见证。

此外，一座保存较好的驿站引起了大家的注意，张教授讲道："这个驿站的布局合理且设施相当完善，它有类似于馕坑的灶台，甚至有地暖系

中亚之地的点点佛光　125

讹答剌古城遗址

考察队参观讹答剌古城遗址

讹答剌城遗址航拍图

讹答剌城土耳其式浴场遗址

唐朝墩古城浴场遗址

中亚之地的点点佛光　129

"贤者驿站"遗址

统,可见当时讹答剌城有着完整的供暖、供水系统。最里面圆形的区域应是留给最尊贵的客人的,玄奘来时很可能就是住在里面这间。千百年来,来到这里居住的僧侣、商贾,他们传经布道,著书立说,带动了东西方文化的交融互鉴。"最后,有一位学员问:"这座驿站有正式的名字吗?""没有。"张教授回道,"那就叫它'贤者驿站'!"

"太阳升起的地方"

告别恭御城,玄奘一行继续穿行在今乌兹别克斯坦境内,经塔什干、撒马尔罕南行来到了铁门。铁门地理位置险要,是西突厥南部边境的重要关口,也是古代连接中亚和南亚的交通孔道。根据玄奘的记载,铁门左右两侧高山耸立,山口处设有门扉,并用铁块加固,门上挂着铁制的铃铛,因此称为"铁门"。有学者推测,铁门的具体位置很可能就是乌兹别克斯坦南境的"帖木儿南门"所在地。

穿过铁门,众人沿着阿姆河南下的第一站为呾

中亚铁门——"帖木儿南门"

中亚之地的点点佛光　131

蜜国，地处今乌兹别克斯坦南部的铁尔梅兹。呾蜜国佛法兴盛，有佛寺10余座，僧徒1000多人。铁尔梅兹地区至今留存有始建于贵霜帝国时期的法亚兹泰帕佛寺遗址。该遗址西临阿姆河，东南为铁尔梅兹古城遗址，考古学家在遗址内发现了大量佛像、壁画等精美的佛教艺术品，正是贵霜帝国时期希腊艺术、犍陀罗艺术在此传播和融合发展的见证。

铁门也是西突厥与吐火罗国故地的分界线。吐火罗国，即公元前3世纪中叶由希腊人建立的巴克特里亚王国，最盛时期其辖境北起阿姆河上游，南达印度河流域的广大地区。《史记》中将其记载为"大夏"，国都称"蓝氏城"。公元前2世纪，来自天山走廊的大月氏西迁阿姆河流域，击败了巴克特里亚，《史记》载大月氏"西击大夏而臣之"，该地纳入大月氏的统治之下。

大月氏仍定都"蓝氏城"，后世称作巴里黑，位于今阿富汗北部的巴尔赫，是著名的"呼罗珊四郡"之一。"呼罗珊"意为"太阳升起的地方"，该名称出现于帕提亚王朝（即安息帝国）时期。公元3世纪，萨珊王朝建立后，呼罗珊成为其统治下的东部行省，包括以巴里黑、木鹿（今土库曼斯坦马雷)、赫拉特(今阿富汗赫拉特)和尼沙普尔(今伊朗东北)为中心的广大区域。7世纪初,玄奘来到这里时,走向衰落的萨珊王朝已经对呼罗珊地区失去控制,巴克特里亚故地更是分裂为27国,皆役属于西突厥,其中玄奘经行的缚喝国指的就是巴里黑,其王都称作"小王舍城"。

8世纪中叶,阿拔斯王朝控制了呼罗珊地区,连接其国都巴格达与呼罗珊地区的官方驿道——"呼罗珊大道"正式形成。呼罗珊大道向东经撒马尔罕、碎叶连接天山走廊;向南以巴里黑为中心,将塔里木盆地与南亚次大陆紧密相连;西南经今土库曼斯坦马雷中转,便可西至里海、南至伊朗高原,交通十分畅达。

告别缚喝国,玄奘一行来到了气候寒冷、土地贫瘠的活国(今阿富汗昆都士)。他们打听后得知,从此地东南行翻过大雪山,就可正式进入印度境内,并且,大雪山中也隐藏着大量佛教圣迹,值得观览。望着不远处高耸入云、白雪皑皑的山峰,玄奘充满了期待。

铁尔梅兹法亚兹泰帕佛寺遗址

中亚之地的点点佛光　135

跟着玄奘走丝路

印度的留学时光

离开中亚地区，穿越铁门经过吐火罗地区，玄奘一行就进入印度境内。来得早不如来得巧，玄奘进入北印度时，这里刚过上10余年的太平日子。戒日王将嚈哒人赶出开伯尔山口，统一了北印度，结束了争端纷扰，不仅为玄奘求法创造了一个和平、稳定的社会环境，更为重要的是，戒日王笃信佛教，对于玄奘礼遇隆厚。在印度的10余年间，玄奘不仅认真研读佛经，也成为戒日王朝与唐朝建交的使者。玄奘是幸运的，统一、和平的戒日王朝仅仅延续了30余年，戒日王死后，帝国又陷入分裂动荡之中。

考验越来越严峻

佛祖对于玄奘的到来似乎也很期待,期待越高,考验也变得越发严峻。根据《大唐西域记》的记载,他们需要翻越一座"山谷高深,峰岩危险,风雪相继"的大雪山,也就是今天横贯阿富汗的兴都库什山。玄奘只觉双腿隐隐发痛,此时尚不知已经落下了病根。

正值冬春之际,一行人站在兴都库什山下,破旧的衣衫难以抵挡来自大雪山的刺骨寒冷,众人满脸都是掩饰不住的疲惫。面对这座雪山,玄奘感慨万分,当时前往碎叶途中翻越凌山的惨状,此刻全浮现出来。但想到佛国的召唤,加之有了第一次翻越雪山的经历,尽管面对更为艰险的环境,玄奘的内心竟多了一些从容与期待。

翻过这座大雪山,玄奘一行就从中亚正式进入了南亚次大陆。大雪山中有一个著名的山口叫作开伯尔山口,四季都可通行,是从中亚进入印度的必经之地,历史上也是军队经行、宗教传播的主要通道,如亚历山大东征进入印度,东晋高僧法显西行求法,10世纪末伊斯兰教传入印度等,都是通过开伯尔山口实现的。

在翻越大雪山途中,玄奘准备寻觅一座藏在雪山之中的佛国——梵衍那国,其国都就是今天阿富汗西北的巴米扬。玄奘一行从东南进入大雪山,在山中行走了600余里,走出吐火罗辖境后就进入了梵衍那国。这个国家东西2000余里,路途极为艰难,天空时常乌云密布,大雪纷扬,很难有晴朗的时刻,沿途甚至出现了平地积雪数丈的情形。玄奘想起宋玉所说的"西方之艰,层冰峨峨,飞雪千里",原以为是指凌山,现在看来,说的是大雪山,一点都不为过!

玄奘不断在生死抉择的边缘挣扎,除了风雪相继、山神鬼魅的艰难险阻,还要面对盗贼横行、杀人越货的危险。玄奘弟子就曾在《大慈恩寺三藏法师传》中感叹道:"嗟乎!如果不是为了寻求普度众生的佛法,还会有谁愿意拿父母赐予的身体开玩笑呢!"

在恐惧、焦虑以及迫切、期待等复杂的情绪交织之下,玄奘终于来到了梵衍那国的都城。城中有10多所佛寺,僧徒数千人,都学习小乘佛法。小乘佛教徒注重于自身的独立修行,这里的自然环境对于小乘佛教的流行具有天然优势，山势高耸、僻静且远离尘世，是小乘佛教僧侣修行的绝佳去处，那些藏匿在大雪山中的大大小小的石窟，就是供小乘佛教僧侣修行的场所。

最让玄奘印象深刻的是王城东北半山中高百余尺的立佛石像，高大雄伟，装饰极为精美，东部也有一座释迦牟尼佛立像，极为壮观。玄奘所见正是著名的巴米扬大佛，已有千余年的历史，然而在2001年3月12日，巴米扬大佛在塔利班的轰炸之下面目全非。这一场灾难给当地甚至人类文明造成了严重后果，正如卡维塔·辛格所说："没有大佛的巴米扬，'空洞'的未来。"

从巴米扬继续前行，一行人所到访的健驮逻国（一作犍陀罗）也是重要的佛教圣地之一。犍陀罗地处印度河上游，是佛教艺术的源头之地，其国都位于今天巴基斯坦白沙瓦市的西北地区。早在孔雀王朝阿育王时期，犍陀罗就是重要的军事领地和文化中心，政局稳定，文化发展较快。阿育王曾派遣信徒到此传教，成为犍陀罗地区佛教发展的肇始。贵霜帝国迦腻色伽王时期曾定都犍陀罗，该地成为贵霜帝国的政治中心，同时也是东西文化交汇的枢

阿育王佛塔

纽。迦腻色伽皈依佛教后,在都城广建寺塔,造立佛像,开创了著名的希腊式犍陀罗佛教艺术,诞生了影响佛教发展以及人类文明数千年的雕刻艺术。这种希腊式风格的佛像是犍陀罗艺术的精髓所在,不仅融合了印度、波斯文化色彩,也深受当地土著居民"后希腊人"的文化影响。

玄奘以后,7世纪至11世纪,很少再有记载犍陀罗的资料问世。战乱是覆没这一带文明的罪魁祸首,400年间,这里没有一个稳定的政权,分裂成多个互不团结的小国。曾经处于佛教空前繁荣时期的犍陀罗,无论如何也无法预料到,有一天,佛教在这里销声匿迹,所有的一切都变成了传说。

印度"受伤的文明"

印度"受伤的文明"的历史或许应该从雅利安人的入侵开始写起。雅利安人是远古时期活动在中亚地区的一个游牧部落,以畜牧、骑射为生。公元前2000至前1000年间,雅利安人开始四散迁徙,其中一支南下侵入印度河流域,迫使当地的原住民沦为奴隶阶层,他们驱逐了印度土著达罗毗荼人,确立了四种姓制,即将社会分为婆罗门、刹帝利、吠舍和首陀罗4个阶层。玄奘《大唐西域记》对此有清晰记载,指出印度种姓中婆罗门最为尊贵,也成为印度的代指。雅利安人的入侵使得印度出现很多达罗毗荼人与雅利安人的混血儿,纯种的达罗毗荼人则退至印度半岛南部勉强生存。

雅利安人的到来也使得婆罗门教兴起,《吠陀》作为印度最古老的文献材料,就是雅利安人涌进印度富饶地区时出现的作品,包括"四吠陀",其中《梨俱吠陀》被称为"雅利安人所说的第一句话",为印度教的发展奠定了基础。

公元前327年,亚历山大的东征打破了印度的寂静,他灭掉波斯之后,越过兴都库什山,挥师进入了印度西北部。当时这里的军事防御如同一盘散沙,小国林立,没有统一、稳定的军事组织,亚历山大的军队得以长驱直入。然而,这支缔造传奇的军队,两年之后就撤军回国,亚历山大在旁遮普设立了总督,只留下一小批人马驻留。这时一位出身孔雀饲养家族的少年揭竿而起,赶走了残留在旁遮普的马其顿军队,建立起自己的王朝。于是,由这个少年奠基的王朝,被称为孔雀王朝,这个少年名旃陀罗笈多，被称为"月护王"。

孔雀王朝第三代统治者阿育王时期，将整个王朝连同自己的声誉一起推向了顶峰。阿育王又被称为"无忧王"，早年嗜好杀戮，相传他曾为争夺王位杀掉了99个兄弟姐妹。即位之后，他四处征战，统一了南亚次大陆和阿富汗的一部分地区。晚年时，阿育王开始笃信佛教，在全国修建了84000座佛舍利塔，成为佛教的"护法明王"，致力于佛教传播。阿育王死后半个世纪，尽管孔雀王朝走向衰落，但彼时佛教已经走出南亚次大陆，扩散到四面八方，甚至对世界都产生了不可磨灭的影响。

孔雀王朝灭亡后，巽伽王朝建立，其统治延续了百余年。在这一时期，中国与印度有过怎样的交集呢？我们知道，公元前138年，西汉王朝汉武帝时期，张骞奉命出使西域，凿开了中原通往世界的大门。当时汉朝抵抗匈奴的战争进入了白热化状态，汉武帝听闻匈奴曾经向西进攻过一个叫作大月氏的政权，双方仇恨颇深，于是本着"敌人的敌人就是朋友"的原则，派遣张骞西行寻找大月氏，计划联合大月氏东西夹击匈奴。然而，当背负着汉武帝的期待，跋山涉水、九死一生的张骞终于找到大月氏时，却被对方无情拒绝。原来，匈奴攻破大月氏后，大月氏被迫不断西迁，最终向西征服大夏并占据了阿姆河流域，从此乐不思蜀，不想再与匈奴为敌。于是，张骞只好"不得要领"而东返。

在这个迁入中亚的大月氏群体中，出现了5个比较大的诸侯部落，称为"五翕侯"，其中一个叫作"贵霜"的势力逐渐强大，灭掉了其他4个翕侯，建立了贵霜帝国，此时正值中国东汉王朝时期。贵霜帝国在迦腻色伽王统治时期到达顶峰，不仅进一步畅通了南亚与中亚的通道，在丝绸之路上扮演了中转站的重要角色，同时大力推崇大乘佛教，被誉为"阿育王第二"。佛祖涅槃400年后，迦腻色伽曾在克什米尔举行了佛教经典的第4次结集，据说有500名比丘参加，对经、律、论三藏进行了注释。迦腻色伽在犍陀罗建造了大批佛塔寺院，并由出身希腊后裔的宫廷建筑师设计了迦腻色伽大塔。

佛法的无量并没有维持贵霜帝国的国祚绵长。241年左右，萨珊波斯攻陷白沙瓦，贵霜帝国瓦解。贵霜帝国之后，旃陀罗笈多一世开创了印度古典文化的黄金时代——笈多王朝，但遭遇随之而来的嚈哒人的威胁。465年，嚈哒人入侵北印度，毁坏了大量的佛塔寺院，将昔日光华荣耀的佛教艺术埋进历史的尘埃中，将恒河流域广大的土地打入后笈多时代的厄运。567年，萨珊波斯与突厥联合灭掉了嚈哒，算是给了印度大陆一个喘息的机会。

笈多王朝崩溃了，北印度分裂为四大强国，其中一个叫坦尼沙王国，占据着恒河流域，势力较为强盛。其国王的次子英勇善战，夺取了邻国首都曲女城（今印度卡瑙杰），建立了戒日王朝，即印度史上著名的戒日王。7世纪初，戒日王成为新一代的"护法明王"，静待玄奘的到来。

英国学者奈保尔将印度视为"受伤的文明"，我们不难发现，印度曾长期面临来自北方的不同族群的威胁，无论是草原游牧，还是希腊化的军队，印度次大陆曾被改造、被同化、被颠覆，而后形成新的文化。如同一团五颜六色的颜料被揉碎在大地上，随即被恒河汩汩的流水冲走，河水恢复了原本的颜色，但这些颜料却永远沉淀了下来，化作印度文明的底色，永不消失。

百闻不如一饮的恒河水

自出家那一日起,印度就成为玄奘梦魂萦绕的圣地。他精通梵文,知道"印度"是梵文"月"的音译。印度地域广阔,周长可达9万余里,三面临着大海,北倚雪山,整个地势北部宽阔而南面狭窄,形状如同半月一般,也正是印度大地被誉为"月"的主要原因。

佛教的兴起是印度大地上最浓墨重彩的一笔,可以追溯到印度的列国时代。公元前6世纪,印度进入了"百家争鸣"的发展状态,各类文化思想竞相迸发,一种反对婆罗门教的"沙门思潮"开始出现。沙门,即婆罗门教以外的修行者,他们离家出走,云游四野,讲究苦行和苦修,围绕世界和人生进行思考,追求真理。佛教创始人释迦牟尼便是这浩浩荡荡的沙门云游队伍中的一位。

回忆着印度"列国时代"的释迦牟尼,玄奘想起了春秋战国时期的孔夫子,两者表现出了惊人的相似性。公元前6世纪,当释迦牟尼辗转在恒河流域宣扬佛教,用诚意去寻求统治者的支持并感化民众时,与他几乎同一时期、远在万里之外的中原大地上，一位奠定儒家文化基础的老夫子也在四处奔走游说，"累累若丧家之狗"。玄奘认为，这或许就是宗教文化必经的发展历程，从肇始到成长，再到顶峰，漫长而耐人寻味。

释迦牟尼诞生于公元前565年的迦毗罗卫城，即蓝毗尼。释迦牟尼父亲为净饭王，是劫比罗伐窣堵国的国王，母亲为摩耶夫人，生下他后七日而亡，姨母大爱道瞿昙弥成为继母，将其抚养长大。相传当时摩耶夫人临产之际，想回到故乡天臂城，途经蓝毗尼园时在右胁下生出释迦牟尼。但这个衣食无忧的王子并不快乐，俗世的贪欲、情欲、物欲，自私自利的人性和永无休止的争夺，还有当时社会无法避免的捐税、高利贷等问题，让人民饱受苦难，也让释迦牟尼痛心又极度困惑。

早在他少年时，便有坐禅冥想的爱好。这种爱好在他29岁时终于无法抑制，他离家出走，并且剃发，身穿袈裟，加入了沙门云游的行列。从迦毗罗卫东行，又转至南下，经拘尸那罗及毗舍离，过恒河，进入摩揭陀国，在那里乞食维持修行。35岁时，释迦牟尼突然有所感悟，他吃下了牧牛女供奉的乳糜，又入尼连禅河洗浴并饮下河水，最终在菩提树下开悟成为佛陀。

玄奘对于佛陀觉悟的那一瞬间满是景仰和钦慕，这也是他一生中对外道奇奇怪怪的修行方式丝毫不感兴趣的重要原因。当时，无数的沙门沉浸于折磨身体以获得真理，而释迦牟尼舍弃了苦行，他已然领悟到真理的获取是需要智慧，因为极度瘦弱的身体无论如何也无法获得初禅之乐。他想起了少年时随父王出城参加农耕祭典的情况，那时他在树下坐禅已达到初禅，或许这才是通往"觉悟"的正确道路。

佛教发展初期，释迦牟尼踏踏实实传法，兢兢业业布道，同时接受"在家"与"出家"的弟子，而"在家"弟子的布施成为佛教团体维持生活的主要经济来源。佛陀甚至将强盛的摩揭陀国国王频毗娑罗收为弟子，为教团发展找到了一个坚实的后盾。这种意识与观念深刻地影响了佛教的发展，甚至影响到玄奘的认知，以至于在他功德圆满回到长安之后，仍然游走于政界的边缘，谋求皇权的庇护来进一步扩大佛教的影响。

到了孔雀王朝的阿育王时期，印度从传说时期进入历史时期，并且开创了印度佛教史上空前绝后的时代。阿育王曾在印度各地竖起石柱，尤以鹿野苑萨尔纳特狮子柱头最为有名，这些石柱刻着"阿育王诏敕"，如"对父母柔顺是善，对友人知人亲戚、婆罗门和沙门施舍是善，不杀生是善，少费少蓄是善"等，似乎是阿育王放下屠刀的决心，又是他用来统治民心的手段与政策。有学者认为，"佛教与世无争的态度对他现在统治这样一个庞大的帝国只有好处，没有坏处"。他也组织并举行了佛教的"第三次结集"，使佛经最后定型，扩展了佛教的势力范围，使其跨出了恒河流域，传向了西北印度，为迦腻色伽时期佛教的鼎盛做好了充足的准备。

　　佛教在纷乱的列国时代萌发、生长，最终越过印度边境，扩展至整个亚洲，甚至发展出南传佛教、藏传佛教、中国佛教、日本佛教等各具特色的类别，渗入了各地区的民族风情，开创了宗教文化蔚为壮观的景象。

　　必须提到的是，佛教的迅速发展也让印度的母亲河——恒河镀上了一层神圣的光辉。恒河发源于喜马拉雅山，世界上没有哪一条河流可以像恒河一样，与宗教有如此深厚的渊源。前往恒河沐浴是多少佛教徒毕生的心愿，其中最令他们神往的是北印度古城瓦拉纳西旁的一段河水，恒河曲流而过，在这里形成了中游河段新月形的河岸，这里至今还保留着恒河浴场、印度金庙等古迹。更为重要的是，这里距离鹿野苑——佛祖初转法轮处仅仅10千米左右的路程，今人在游历恒河之时，也仿佛能够聆听到来自鹿野苑的千年佛音。

玄奘也被恒河深深地吸引了。他早就了解到，在印度教的神话传说中，恒河是湿婆神散开的发丝，河水可以去除灾祸。当来到"清流交带"的摩裕罗城时，便看到恒河流过，河边有大天祠，用整整齐齐的石块垒砌成了一块水池，将恒河水引入其中，形成了印度人都非常神往的"恒河之门"，即消灾祈福之地。据说该地非常灵验，每年都有成百上千的印度人汇集于此，沐浴祈福。看着眼前波澜不惊的恒河水，玄奘激动万分，他俯下身取了一杯恒河水，极为神圣地品尝了一下，感受"福水"的圣洁，只觉河水味道甘甜，里面有细沙一起流动，顿觉身心清爽，疲惫尽消。

152 跟着玄奘走丝路

阿育王柱

恒河边的盗匪不"佛系"

行走在恒河边的玄奘又遇上劫匪了。与此前不同,这次的劫匪不要钱财,不听劝诫,只看上了眉清目秀的玄奘,要杀他祭天。玄奘站在恒河边,紧闭双眼,想起此前走访过的圣迹,觉得也不虚此行了。

当时玄奘与80多人同船顺着恒河东下,突然杀过来10多条贼船,声势浩大,吓得玄奘船上的几个人赶忙跳进河里避难。盗贼胁迫他们的船只靠岸,令所有人脱下衣服,开始搜刮金银珠宝。这是一支有信仰的盗贼队伍,他们信奉突伽天神,每年秋天需要寻找一个相貌端庄俊美的人,将其杀死祭天神,目的是祈求幸福美好。

盗贼们一眼就看中了队伍中丰姿英伟、眉目俊朗的玄奘。盗贼们相视一笑,得来全不费功夫。说干就干,他们有的去取水,在树林里建起祭坛,有的拔刀相向,拉着玄奘登上了祭坛。玄奘解释自己远道而来只是为了求法,如今心愿未遂,这样的人杀掉不吉利,并且自己的身体也过于污秽,不适合祭天。此时,甚至有同船的人表示愿意代替玄奘去死。但盗贼不乐意,一心只想杀玄奘。

以上情节如此熟悉，与小说《西游记》中师徒遇难狮驼岭几乎如出一辙。妖怪们抓到唐僧后，二话不说就抬上了蒸笼，然后分工协作，烧火做饭。

事已至此，玄奘只得准备从容赴死，面无惧色的样子倒是让盗贼们吃了一惊。玄奘要求给他一点准备的时间，不要逼迫，这会令他烦恼，他希望可以欢喜地死去。

突然间，黑风四起，折树飞沙，河水波浪滔天，船只都沉没了。种种异象令盗贼们大为惊骇，意识到了天神的震怒，于是，他们赶紧为玄奘松绑，向他叩头忏悔。玄奘却已陷入深度的冥想中，并未察觉到天气的转变。这把贼人吓得不轻，赶紧用手碰了碰玄奘的胳膊，玄奘这才睁开眼睛。

盗贼们齐齐跪在玄奘面前，深深忏悔，他们本以为杀了这个相貌出众的僧侣祭天，就可以风调雨顺，结果却惹怒了天神。他们低着头，等候玄奘的处置，玄奘接受了盗贼们的忏悔，并告诉他们佛教中不忍杀生的理念。

那烂陀的呼唤

3年的跋山涉水,风雨兼程,631年,玄奘终于来到了他的取经之地——摩揭陀国的那烂陀寺。伊塔洛·卡尔维诺在《看不见的城市》中写道:"你喜欢一个城市,不在于它有七种或七十种奇景,只在于它对你的问题所提示的答案。"摩揭陀国是佛教圣地,释迦牟尼一生中大部分时间都在这里度过。这里是《西游记》中的"雷音寺"所在地,这里有玄奘想要的《瑜伽师地论》,有他追寻的答案。

摩揭陀国是古印度16个大国之一,地理位置约为今天印度比哈尔邦的巴特那和加雅两地。玄奘在《大唐西域记》中用了两卷的篇幅来记述摩揭陀国的情况,事无巨细,从该地米粒粗大、香味浓郁的"供大人米",也就是我们今天所说的印度香米,到当地好学尚贤、善言谈有风韵的社会风尚,还有浓厚的佛教氛围,有50余所伽蓝,僧徒1万多人,皆学习大乘佛教。

当时摩揭陀国都城为华氏城,该国早期的都城王舍城(今印度拉杰吉尔)毁于一场火灾。这里保存着完好的"如来足迹石",长8寸,宽6寸,

那烂陀寺

两面都有佛足印记,十指皆有花纹,时不时地闪着光亮。释迦牟尼即将涅槃时,就是脚踩这块石头,向南回望摩揭陀国。阿育王继位后,迁都华氏城,在这块石头四周筑墙,将其保护起来。实际上,这个足迹玄奘并不陌生,当年他西行经过龟兹国时,著名的"昭怙厘二伽蓝"(今库车市苏巴什佛寺遗址)内也供奉着"佛足履之迹",尺寸与眼前的佛足迹分毫不差,足迹印在"面广二尺余,色带黄白,状如海蛤"的玉石上供奉起来。

几百年间,那烂陀寺是世界佛教的最高学府和研究中心,意为"施无厌",也是古代印度的最高学府。玄奘在《大唐西域记》中对"那烂陀僧伽蓝"记载极为详细,也为今天印度对该遗址的发掘和复原提供了重要线索。如今,寺内残留的支离破碎的佛塔,依然可以看出当年宏伟的气魄。在印度17年的玄奘有12年都是在那烂陀寺度过,六载学生,六载为师,将他在印度的所有学识融会贯通。

那烂陀寺的大量藏书是吸引玄奘前往印度的关键因素,其中尤以宝彩、宝海、宝洋三大殿堂收藏的大量典籍和资料为最。那烂陀寺共有900多万卷藏书,1万多名僧人,这里戒律严明,众僧注重仪表、姿态,敬仰老者,大家也非常尊重有德行之人。更令人称赞的是这里自成体系的管理制度,寺院崇尚公议、公开,大小事务的定夺都会征得每个人的同意,如果有任何一个人反对则事不成;寺院中如果有人专断独行、私自占用公共财产,则会被视为佛法的毒瘤,无论其对寺院曾做出多大的贡献,最终都会获罪弥深,人神共怨。这套规定使得佛寺诸事井井有条,敦促着学子们不断完善自我,并相互监督,共同研习。

当时玄奘就是在这里用心苦读。时至今日,那烂陀寺已经成为一座以南传佛教为中心的大学,有近200名僧人在其中教授和学习佛法。寺院分为僧院区和教学区，院内狭窄的僧房见证了玄奘苦读的模样，院内有石桌、水井和厨房，每个院内都有独立的走廊通向外面。僧侣们穿过狭窄的通道，经过四散分布的舍利佛塔，在历代圣贤的熏陶之下研习佛经。

自古名师出高徒，玄奘在那烂陀寺所跟随的老师是当时德高望重的戒贤法师。戒贤法师是当时那烂陀寺的大长老，原名尸罗跋陀罗，大约生于528年，玄奘来到那烂陀寺时，戒贤法师已经是101岁的高龄了，被众人尊称为"正法藏"。当戒贤法师看到眼前这个来自东土大唐的年轻僧侣时，竟禁不住泪流满面。戒贤法师的弟子告诉玄奘，3年前，法师得了一场重病，身体极度痛苦，就在他想自杀求解脱时，文殊菩萨降临了，告诉法师说，3年后会有一位来自大唐的僧人拜你为师，你将佛法传授给他，病自然就好了。从此，戒贤法师进入漫长而痛苦的等待，他强忍病痛终于等到玄奘的到来，当他将《瑜伽师地论》悉数传授给玄奘后，他也奇迹般地自愈了。

他从笈多王朝走来，文武双全

在戒贤法师的支持下，玄奘很快在那烂陀寺立足，并获得了极高的声誉，受到大家的尊敬。

戒贤法师是当时唯一能讲解《瑜伽师地论》的名师，他用15个月讲完了《瑜伽师地论》，玄奘央求再讲一遍，于是，戒贤法师又用9个月的时间单独为玄奘讲了一遍。玄奘在那烂陀寺不仅听讲各类经书，同时不断精进自己的梵语能力。毫无疑问，他对《瑜伽师地论》倾注的心血最多，听完戒贤法师的讲解后，玄奘又前往北印度的钵伐多国停留两年，以学习佛法，两年后他回到摩揭陀国的那烂陀寺时，已经将《瑜伽师地论》融会贯通，甚至可以独立进行讲解了。

一次偶然的机会，玄奘辩经赢了一位婆罗门，按照约定，婆罗门应斩首谢罪，但玄奘不计前嫌将他留作仆人，后来又将他放还。婆罗门心怀感激，回到东印度后向拘摩罗王讲述了事情的经过，引起了拘摩罗王的兴趣。于是，拘摩罗王遣使邀请玄奘前往迦摩缕波国（今印度高哈蒂）讲法，由于玄奘已准备回国，戒贤法师便拒绝了拘摩罗王的要求，但其国使者口出狂言道:"如果玄奘法师不跟我们去,我们的大象军队很快便会抵达这里,踏平那烂陀寺,让这座寺院化为尘埃!"

戒贤法师叹了口气,不得不劝玄奘辛苦一趟,去拜见拘摩罗王。与此同时,当时北印度势力更为强大、同样笃信佛法的戒日王得知了消息,便命令拘摩罗王护送玄奘到曲女城。曲女城是戒日王朝的都城,也称羯若鞠阇国,是印度著名的古都,位于今天印度北方邦西部的卡瑙季城。

拘摩罗王听从了戒日王的命令,将玄奘护送至恒河岸边,拘摩罗王与戒日王两队人马以河心为界,水陆并进,在这里举行了盛大的法会,场面异常宏大。也正是这次集会,玄奘与戒日王结下了不解之缘。

戒日王所统治的戒日王朝正是在笈多王朝分裂后的一个小邦中发展起来的。因此,戒日王朝的佛教文化传统大多继承于笈多王朝,那是一个佛教艺术绚烂璀璨的时代。

故事要从公元前2世纪说起。公元前187年,孔雀王朝末代国王布里河德罗陀被将军巽伽杀死,孔雀王朝灭亡,巽伽在摩揭陀建立了巽伽王朝,定都华氏城。

巽伽的王权来得名不正言不顺，并且自身不是一个贤能的君主，加之他大力支持婆罗门教，因而巽伽王朝与阿育王盛世相差甚远。在这个来自孔雀王朝的老将军感受到"守业更比创业难"的艰险时，已经无力回天了。一个不断走向下坡路的王朝势必会引起周边势力的觊觎，巽伽无治国之能，加之整日不理朝政，很快引起了大夏、希腊等国的关注。邻国大军不断威胁着巽伽王朝，巽伽国人心惶惶。终于，公元前75年，巽伽王朝的大臣婆薮提婆杀死了巽伽帝国末代国王提婆扑底，短命的巽伽王朝宣告灭亡。

接下来，印度在经历了漫长的黑暗时代后，迎来了贵霜帝国崛起。在阎膏珍统治时期，贵霜帝国轻而易举地占领了整个印度河流域。迦腻色伽在位时期，贵霜帝国的国力发展到了顶峰，不仅垄断了中亚、南亚次大陆的贸易，其国际地位也不断提高。迦腻色伽死后，贵霜帝国于3世纪开始分裂，似乎在等待着一个新生的强大统治者的到来。

4世纪初，在摩揭陀地区的一个小国王室室利笈多家族逐渐崛起。320年，其后代旃陀罗笈多一世建立了笈多王朝,到超日王时期,笈多王朝基本完成了对北印度的统一。笈多王朝非常富有,对求法僧侣也相当慷慨。东晋求法高僧法显到达印度时,正是笈多王朝的超日王在位期间,法显在《佛国记》中记载了大量超日王治下的所见所闻。

笈多王朝时期,佛教得到大力发展,人民大量建造庙宇,雕刻佛像,早期的接近荒废的石窟、寺院等都得到广泛修葺。1819年4月,一些驻印度的英国士兵在一个名为阿旃陀村的山地打猎,在一个当地小孩的带领下无意间发现了著名的阿旃陀石窟,

阿旃陀石窟

阿旃陀石窟壁画

也正是玄奘所游览的摩诃剌侘国东境的阿折罗伽蓝（今印度奥兰加巴德）和石窟。佛教衰落后，这里也被荒废，逐渐埋藏于荒山野岭之中，直到被这些英国士兵偶然发现。

超日王死后，笈多王朝开始衰落，5世纪末到6世纪初，北部的嚈哒人进入印度，笈多王朝出现分裂。612年，坦尼沙国的戒日王建立了戒日王朝，此后他南征北战，基本统一了北印度。终于，在631年，戒日王迎来了来自大唐的高僧玄奘。

戒日王文武双全，这位"整个北印度的主人"非常注重文化的发展。他本人也是一位多情的剧作家，其创作的剧本《龙喜记》《钟情记》《八大灵塔梵赞》曾对印度的戏剧文化产生了巨大影响。

647年，戒日王死后，王朝很快陷入分裂，这个短命的王朝只持续了40余年。在漫长的混战之后，随着伊斯兰教的传入，大量当地民众伊斯兰化并穿过开伯尔山口进入印度北方，先后建立了哥疾宁王朝（即伽色尼王朝）和古尔王朝。到13世纪初期，古尔王朝分裂，德里总督艾巴克自立门户，建立了新的王朝。从艾巴克开始，北印度进入了德里苏丹国的统治时期。

印度恒河一角

因此,可以说,玄奘到来之时,正是佛教自阿育王大力推广后得到蓬勃发展的时期。戒日王死后,佛教日益削弱,传统的印度教快速复兴,逐渐成为印度宗教的主流。玄奘见到的不仅是佛教在印度的最后一抹"晚霞",也是戒日王朝在北印度最后的辉煌。

《秦王破阵乐》的印度粉丝

戒日王继位之后,以曲女城为首都,征战四方,其领土涵盖了广阔的恒河流域、旁遮普和拉其普特的大部分区域，甚至一度延伸至西印度卡提阿瓦半岛一带。同时，在统一北印度后，戒日王又将佛教的发展推向又一个顶峰，每年召集一次各国佛教徒的大会，为期21天，供给他们衣食住行。

戒日王对佛教的虔诚也使得玄奘对他充满敬意，知无不言。戒日王早就听闻东方大国唐朝圣人辈出，他甚至还知道目前北印度流行一首来自东方的《秦王破阵乐》，心中非常期待能有机会结识这位雄才大略的"秦王"。

戒日王仿佛一位"秦王"的粉丝，兴奋地向玄奘打听更多关于唐朝的消息。戒日王问玄奘说："听闻法师从中国来，我听说那里流行《秦王破阵乐》的歌舞曲，真的有秦王这个人吗？他到底有怎样的成就，为什么就被世人如此歌颂呢？"

玄奘说："在我们东土地区，凡是可以为民除害且有盛德贤能、丰功伟绩之人，上到宗庙之乐，下到乡间歌调，都会对他歌咏传唱。秦王就是今天唐朝的天子，在他未登基之前，被封为秦王。当时中原动荡，百姓居无定处，生灵涂炭，妖魔横行于世。于是秦王临危受命，降妖除魔，顺应天命，肃清中原大地，重安宇宙，天下一统，四海百姓没有不感激他的，所以大家才会传颂秦王。"戒日王早已听得入迷，不禁说道："如此英勇之人，这真是上天派来的一国之君啊！"

作为一代英主，戒日王"追星"的行动力也很强。不等玄奘回国，就组织了一个使团前往唐朝。早在隋代，隋炀帝曾遣裴矩通西域诸国，唯独天竺、拂菻无法达到，成为中原与印度之间的遗憾。而这个遗憾，将由戒日王来弥补。

根据史籍的记载，贞观十五年（641），一支来自印度的使团抵达长安，携带了一封来自戒日王的亲笔信。来自戒日王的"好友请求"令唐太宗极为高兴。10年前，他平定了令唐朝头疼不已的突厥；不久之前，又在东天山地区即今哈密、吐鲁番和吉木萨尔地区设置了伊、西、庭三个正州，厥功至伟。此时的唐太宗已经成为包括草原游牧族群在内的共同的"天可汗"，在四海初定的局面下，来自南亚次大陆的书信更是让他心潮澎湃。

次年，太宗就遣使回访，派云骑尉梁怀璥持节出使，果毅何处罗拔等带着丰厚的赏赐前往罽宾（今克什米尔地区），同时抚慰印度。何处罗拔等人抵达罽宾后，罽宾王感慰甚厚，向东跪拜感谢唐太宗天恩，同时，又派遣向导护送唐朝使者抵达印度。

戒日王看到唐朝的使者时非常兴奋，问国人说："我国自古以来有见到过中国派来的使者吗？"众人皆答没有，戒日王便命令众臣相迎，顶礼膜拜接受诏书，同时又派遣使者访问唐朝。此后，双方多次派遣使者互相访问。

友谊没谈成，快去搬救兵

玄奘回到长安后，曾多次向太宗讲述当唐朝使者抵达印度时，戒日王及其臣民的虔诚与敬仰，中原与南亚次大陆之间的文化距离被迅速拉近。

贞观二十二年（648），玄奘回国3年后，唐朝又遣右卫率府长史王玄策出使印度。王玄策还在路途中时，戒日王去世，国内大乱，王玄策刚好目睹了这一切。原本代表大唐来和戒日王增强中印深厚友谊的使团，此刻正面临着巨大危险。

这实际上也应验了玄奘回国之前一个噩梦般的预言。当时，玄奘还住在那烂陀寺，他梦见金佛倒塌，寺外大火，院落荒凉，没有一个僧侣。有一个金人自称文殊菩萨，劝他尽快东归，说这里10年后会有一场大灾难，戒日王会死去，印度陷入慌乱。顺着金人所指的方向，玄奘看到了寺外的大火焚烧了村邑，一切都化为灰烬。

可怕的梦境终究变成了现实。当时戒日王朝的大臣那伏帝阿罗那顿自立，发兵阻拦王玄策。王玄策的团队仅仅只有数十人，根本不是对手，多人战死，马匹、贡物都被抢夺。大唐距离印度路途遥远，力不能及，在性命难保、万分紧急的情况下，王玄策决定向吐蕃求救。

吐蕃地处今天的青藏高原，其都城逻些城就位于今天的西藏拉萨。吐蕃辖境与印度相邻，并且有较为通畅的道路可以抵达。更为重要的是，自贞观十五年（641）文成公主和亲吐蕃后，唐朝与吐蕃的关系也进入了蜜月期。因此，王玄策一路逃命，狼狈不堪地来到吐蕃西境，向文成公主写信并请求发兵，吐蕃赞普松赞干布二话不说就派出了1200名精兵，邻国尼婆罗国（今尼泊尔）也出兵7000名相助。

王玄策带领大军直接杀到北印度，大破那伏帝阿罗那顿，斩首3000人，溺死万人。此战令唐朝在印度的声威大震，东印度王尸鸠摩将牛马3万头馈赠给唐朝军队，并附加弓、刀、璎珞等，极力表示自己的虔诚。迦没路国也赶紧献上宝物,呈上地图,并请求唐朝赐老子画像以表示臣服。唐太宗对此战非常满意,当王玄策把那伏帝阿罗那顺的首级献于阙下时,太宗说道:"一个人一旦沉迷于耳目声色和口鼻之欲,就会很快堕落沉沦,思想败坏。这些婆罗门如果不抢劫我大唐的使团,又怎会落到如此地步呢!"

唐太宗驾崩后,唐高宗即位,仍然与印度保持着友好往来关系。1990年6月,中国藏学研究专家霍巍教授与考古小分队进入日喀则市西南的吉隆县开展文物普查工作时,当地的县政府领导告诉他们,县城北边的宗嘎乡有一件写着汉字的石碑。霍巍教授非常激动,立即与团队赶赴现场。原本以为是传闻的清代石碑,结果宗嘎乡送给他们一份大礼,这是一件唐碑。经过清洗,碑额上的7个大字令众人欢呼不已,这就是著名的《大唐天竺使出铭》,是在青藏高原发现的年代最早的一件唐代碑铭,见证了唐代中印的交流往来。铭文记载了在唐代显庆三年(658),大唐使团经过此地出使印度,并且非常明确地刻写有"大□□左骁卫长史王玄策宣"等语。毫无疑问,正是唐高宗显庆三年唐使王玄策第3次奉命出使印度，行经吐蕃时勒石记功，流传至今。

此后，印度地区政权多次遣使来长安朝贡，与唐朝保持友好关系。此外，王玄策奉命护送摩揭陀国使者回国，曾途经尼婆罗国，从而开辟了经西藏过尼泊尔以达印度的新路。

历史没有告诉我们，时在印度的玄奘是否与王玄策有所交集。但可以肯定的是，玄奘一定知晓王玄策的到来。当他得知唐太宗已经开始与戒日王朝建交时，就开始构思写给唐太宗的奏章，希望朝廷能够免去他"偷渡"的罪过，并全力支持他译经弘法。

跟着玄奘走丝路

生死未卜的归程

归期终究还是到来了。面对戒日王的询问,玄奘不假思索地选择了取陆路回国,他说高昌王麴文泰还在等着他回去讲法3年。哪知计划赶不上变化,玄奘返回塔里木盆地后得知了高昌国被灭的消息,结拜兄弟麴文泰早已病发身亡。玄奘原本计划先留在高昌讲法3年,再与麴文泰商议回国的事情,但一切为时已晚。滞留于阗时,玄奘写了一封言辞恳切的"陈情表"上奏朝廷。那么,唐太宗会赦免他吗?浩瀚的塔克拉玛干沙漠又有怎样的秘密等待着他呢?

水路还是陆路

在告别之时,戒日王询问玄奘东归的道路,如果取道南海,可以派使者相送。玄奘没有迟疑,选择了陆路。

一是玄奘觉得岛国不足为观,且岛国当时正处战乱中,时机不凑巧。玄奘在《大唐西域记》中记载了几个在东印度游历时听闻的海中之国,如僧伽罗国(即斯里兰卡,又称师子国),该国崇尚佛法由来已久,但当时局势动荡,正在闹饥荒,玄奘难以成行。又如从僧伽罗国渡海南行数千里所到达的那罗稽罗洲,其名为梵语"椰子"之意,指今天的马尔代夫群岛。玄奘听闻那里的居民个头矮小,身高不到1米,他们拥有人类的身体,但嘴巴却如同鸟嘴,他们一起结伴在岛上寻找椰子食用,不种庄稼,不拜佛法,似乎也不值得乘风破浪前往观览。

二是因为当年西行时高昌王麴文泰的情深义重令玄奘念念不忘,他要回到高昌履行曾经许下的诺言。玄奘对戒日王说:"我从大唐西行到西域地区,有一个国家叫高昌国,高昌王睿智通达,礼敬佛祖,我到那里时,高昌王对我非常尊敬,并且资助了我大量财物,我才得以到达印度。高昌王唯一的心愿就是希望我取经返回时务必在他那里停留几年,如今我要回去了,一定不能食言。"

戒日王依依不舍,但深知玄奘心意已定,于是便殷勤准备,"素氎作书,红泥封印",并且派遣了使者护送玄奘,令所经诸国为玄奘一行提供马匹,直到玄奘安全抵达唐朝的地界。戒日王送给玄奘的这个"红泥封印",我们在洛阳缑氏镇玄奘故里曾看到这件遗物,是佛学泰斗黄心川教授捐赠的。1000多年的岁月流逝,玄奘从印度不远万里带回的这枚封印,兜兜转转又回到了他的出生地。

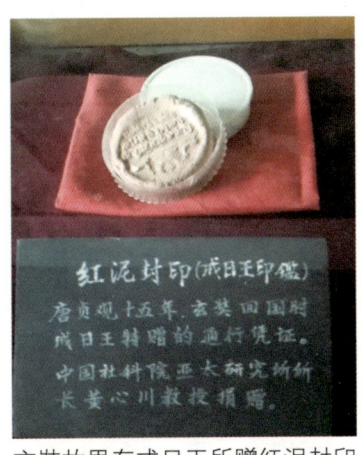

玄奘故里存戒日王所赠红泥封印

玄奘还有个心结：10多年了，当年"偷渡"的罪过还会被朝廷追查吗？出发之前，玄奘找了一个外道尼乾教徒为自己算一卦，并诚恳地询问道："如今我准备返程了，不知道顺利吗？或者，回去和留在这里，哪一个选择比较好呢？我的寿命还有多久，劳烦您给占卜一下吧！"外道算了一卦，说："法师如果回去的话，一切顺利，并且会得到人们的尊重。但是，去不如留。另外，您的寿命还有10年时间。"一瞬间，玄奘有了答案，那就是迅速东归。他又询问占卜者他该如何携带大量经书，占卜者告诉他，戒日王与拘摩罗王将会派人护送他，不必担心。

大家知道玄奘就要离开，都极力挽留他，戒贤法师更是有心留他在那烂陀寺继续研习佛法。玄奘与大家难舍难分，但最终还是对戒贤法师剖白心迹，说道："这里是佛教的发源地，我哪有不爱它的道理！但是我从大唐远道而来，不为自己，只为众生求得解脱之道。自我来到这里，您就亲自教我《瑜伽师地论》，解答了我多少困惑，我也礼拜了无数的佛教圣迹，真是不虚此行！我现在唯一的心愿就是尽快回到中原，将我所携带的所有经书尽力翻译出来，为其他学法之人尽一份力，也以此来报答老师您的恩情。所以，我不能留在这里，我要回到大唐去！"

一番话令戒贤法师感动不已，也非常欣慰，他对众人说道："我相信这正是菩萨的安排！我希望他永远坚持自己的想法！大家不用再挽留他了，就让他自行收拾行囊吧！"

有了戒日王的周密安排，玄奘的归程显得格外从容。启程时，先由北印度王乌地多派人护送。玄奘将经书、佛像等都妥善安置在北印度王乌地多安排的军马上，自己骑着马缓缓跟着队伍前行。戒日王不放心，又交给乌地多1头大象和大量金银财物，供玄奘路上使用，3天后又率领百官骑着快马追上他们，再次道别，真是难舍难分。

大象驮经，凶多吉少

玄奘一行不紧不慢地离开北印度，继续向西北行，边走边讲法。有了多次遭遇劫匪的经验，这次玄奘专门安排了一名僧人走在队伍的前面，遇到劫匪后就大喊："我们是远道而来求法的僧人，我们携带的只是一些经书、佛像和舍利,不是金银财宝,不要打什么主意!"这一险招颇为奏效,离开印度后虽遇到了不少劫匪,倒也没什么大的损失。

玄奘一行离开迦毕试国,翻越雪山,穿过今天阿富汗东北的卡瓦克山口,经睹货逻国故地来到了护密,即今阿富汗东北部的瓦罕一带。从此就进入了"瓦罕走廊",这是位于兴都库什山南部和帕米尔高原东部的一条长约300千米的峡谷,然后过葱岭明铁盖达坂进入中国,可抵达今新疆塔什库尔干塔吉克自治县。

"明铁盖"是柯尔克孜语,意为"千只公羊的山口",海拔4000多米,地势开阔,一直是帕米尔高原上连接东西方丝绸之路的主干道。直到近半个世纪前,当地修筑了一条现代化公路,红其拉甫山口成为重要的口岸,明铁盖山口才逐渐冷清。

至于"葱岭"一名的来源,竟是因为这里出产野葱。玄奘将葱岭命名为"波谜罗",后代学者认为这就是"帕米尔"的译音,英国人寇松和苏联历史学家巴维尔鲁克尼茨基均认为玄奘是第一个称葱岭为帕米尔的旅行者。帕米尔被誉为"世界屋脊",这里位于中国地形三大阶梯中的第一阶梯,是世界上最高的高原之一，平均海拔4000米，自古以来就是孕育神话的摇篮，有人认为"共工怒触不周山"这一传说中的"不周山"很可能就是帕米尔。峡谷内经常遭受暴风雪的洗礼，春夏飞雪已经是常事，一天到晚更是不停地刮风，而且土地遍布沙碛、砾石，五谷不生，草木稀少，常年高寒，人类根本无法居住。

行走在葱岭中的玄奘筋疲力尽，在揭盘陀国（今喀什地区塔什库尔干塔吉克自治县）休整了20天才继续动身。一行人从揭盘陀国向东北走了5天后，又遇到了一伙盗匪。这群不速之客吓得同行的商人拼命向两侧山上爬去，结果动静太大，大象在他们的驱赶之下也慌不择路，掉到水里淹死了，大象驮的经书、佛像等也一同掉进了悬崖下的溪涧中，众人只能眼睁睁地看着却无法相救。

由于担心盗匪、天气等一系列不确定因素，他们顾不上清点经书，只能尽快赶路。经乌铩国（今喀什地区莎车县）、佉沙国（今喀什地区喀什市）、斫句迦国（今喀什地区叶城县），玄奘一行人一路东行来到于阗国（今和田市），才得以落脚整理行囊，检查经书。

帕米尔山势

帕米尔玄奘取经东归古道碑

喀什亚吾鲁克遗址出土的婆罗米字母泥块　喀什博物馆藏

喀什地区出土的泥塑彩绘佛头像和高髻泥塑佛头　喀什博物馆藏

这一检查吓一跳，竟然损失了这么多经书原典。玄奘极度痛心，沉思良久，他派了一些僧侣前往疏勒、龟兹等地访寻经书，期望能弥补一些损失。这两地都是佛教圣地，幸运的话或许能够找到他们所需要的经书。

疏勒国优越的地理位置为多元宗教传播打开了一扇宽敞的大门，先后有萨满教、拜火教、佛教、伊斯兰教、基督教、道教等传入，并都获得了一席之地。佛教曾是这里的主要宗教，根据《大唐西域记》的记载，当地民众笃信小乘佛教，唐初这里有大小寺庙数百所，佛教徒达万余人。7世纪末期，疏勒国的佛教达到鼎盛，到8世纪初，就开始走下坡路了。10世纪中叶，伊斯兰教正式传入，佛教便在这里退出历史舞台。现在，我们能在喀什看到的最后的佛教遗迹，只有莫尔寺与三仙洞了，这大概是疏勒国佛教由顶峰走向衰落的最终见证。

我们于2019年春节来达喀什，目的地之一便是著名的佛教遗存——莫尔寺。出租车司机是个年过半百的维吾尔族老乡，他用不太流利的普通话向我们介绍着他的家乡，当车子经过一座颇具规模的大桥时，只见桥下冰层封冻，隐隐有浅浅的水流，他激

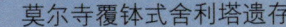

莫尔寺覆钵式舍利塔遗存

莫尔寺遗址

莫尔寺方形大塔遗存

动地说:"恰克玛克河!"恰克玛克河是喀什的母亲河,喀拉喀什河的支流之一,曾多次出现在史籍中,它是班超转战疏勒的后勤保障,是疏勒佛教赖以生存发展的源泉。

我们沿着恰克玛克河来到莫尔寺,这里的河床已经完全干涸,众人踩着如同戈壁滩一样的砂石路一直走到佛塔下面。在广阔的天地间,佛塔庄严无比,却也透露着祥和的气息。千年之前,佛塔就是这样等来了鸠摩罗什,莫尔寺正是他讲经说法的地方。而后,等来了法显,也等到了玄奘。

356年,12岁的鸠摩罗什从克什米尔学习小乘佛教归来,返回龟兹途中抵达疏勒国,在此潜心学佛。在疏勒学习了一系列小乘佛经后,他达到了深晓其奥义的境地,受到疏勒佛教界一个名叫喜见的沙门的敬重,将鸠摩罗什推荐给疏勒王,为疏勒僧众讲说小乘经典《转法轮经》及其他佛经。

近年来,中央民族大学与新疆文物考古研究所合作对莫尔寺进行了发掘,清理出了大规模的佛寺建筑遗址和大量佛像残片,被埋葬的古寺得以重见天日,未来它将以全新面貌呈现给世人。

久经兵燹和风雨沧桑的莫尔寺为什么可以保

喀什恰克玛克河河床干涸的景象

留着两座高约12米的佛塔？其中原因莫过于佛寺远离城市的喧闹，所处的位置不是各种势力的必争之地。它们伫立在黄沙之间，残存在峭壁之上，没有丰美的水草，也没有大片的沃野，大自然给予这里的残酷考验，却也成为这些千年辉煌遗留下来的重要原因。

一封来自"小西天"的陈情表

在印度游历多年,玄奘心中始终铭记着他在火焰山下的承诺,因此,在越过葱岭之后,他就开始打探去往高昌国的路。然而,抵达于阗后,一位来自高昌的少年告诉他,高昌5年前就灭国了,麹文泰在唐朝的大兵压境之下早已病发身亡。山高水长,音信全无,10余年间玄奘始终以为麹文泰在等着他的"御弟"回到高昌。

玄奘如五雷轰顶,百感交集。他的计划被打乱了。高昌既已亡国,也没有必要前往了。眼下需要考虑的是,17年前那个"偷渡僧"如何名正言顺地回到长安。他终于下定决心,写了一封《陈还国表》,托人带回长安呈给唐太宗。他在奏表中陈述了当年"偷渡"的缘由,以及10多年来在印度留学的巨大收获,希望得到朝廷的准许,让他顺利回到中原。这封奏表言辞恳切、感情强烈,丝毫不亚于李密的《陈情表》。

在玄奘的殷勤嘱托之下,高昌人马玄智带着他的奏表出发了。在漫长的等待中,玄奘在于阗开座讲法,拜访当地的佛教圣迹。于阗是千年佛国,这里是西域大乘佛教的发源地,是中原许多西行取经僧人驻足的"小西天",无论是建国缘起还是文化发展,都与印度关系密切,玄奘将其记为"瞿萨旦那国"。

值得注意的是,于阗国境内有两大水系,即玉龙喀什河与喀拉喀什河,分别称为"白玉河"与"墨玉河",这两条河流向北汇成和田河,水势浩大,汉唐时期曾直接注入塔里木河,由此形成了一条自南向北贯穿塔克拉玛干沙漠的道路,即唐代的"神山道"。这两条河流自古以来是出产玉石的重

和田玉龙喀什河

要区域,直到今天,和田玉仍然蜚声中外。

信使的一去不复返令玄奘忧心忡忡,不仅是渴望得知唐太宗对于他此番回国的态度,这10余年的羁旅乡思也足以令他黯然神伤,幸而于阗的佛法之盛给了他莫大的安慰。

如今矗立在沙漠中的热瓦克佛寺遗址,就是当年于阗佛教繁盛的见证,位于今和田地区洛浦县西北50千米的沙漠中。热瓦克,意为"楼阁",始建于汉代,是一座犍陀罗风格的覆钵式建筑,也是和田地区保存较好的唯一具有犍陀罗艺术风格的佛

洛浦热瓦克佛寺遗址

寺。佛塔高约7米，正中覆钵式塔身残高3.6米左右，顶部直径9.6米左右，损毁很严重，整座塔身千疮百孔。曾经的热瓦克佛寺是丝绸之路南道上最壮观的佛教建筑之一，也是于阗国力与财富的体现。

我们从和田市区出发，沿和阿公路行驶，这是一条沙漠公路，有些地方还覆盖着薄薄的一层雪。这里所看到的沙漠没有想象中那样浩瀚，金灿灿的黄沙在阳光下熠熠生辉的景象并没有出现。张安福教授提到，这附近有野骆驼出没，前几年他们来

策勒达玛沟托普鲁克墩1号佛寺遗址

到这里时,就曾拍到过野骆驼。话音刚落,左边的沙漠中突然闪过一群野骆驼。我望着车窗外惊叫:"骆驼!"大家都望向窗外,司机师傅大笑,他仿佛早已司空见惯。目前,全世界的野骆驼不足千只,仅存在于中国新疆、甘肃的沙漠戈壁中。

此外,达玛沟佛寺也是玄奘滞留于阗时拜访的佛教圣地之一。我们离开热瓦克佛寺后,就来到了位于策勒县达玛沟乡的达玛沟佛寺遗址。这里保存有世界上最小的佛寺,即托普鲁克敦1号佛寺遗址,

策勒达玛沟遗址"男女同体"壁画像
达玛沟佛教遗址博物馆藏

面积仅4平方米左右,这种"微型"佛寺在新疆实属罕见。管理员又向我们介绍了达玛沟遗址出土的一些壁画,其中那些"男女同体"的壁画充斥着无数的未解之谜。他说,菩萨传入西域时本无性别,人们根据自己的信仰需要将其绘制成形,很多佛像都是裸体的。他们体态非常丰满,动作洒脱,神情安详,就连一些人物的衣服上也写满佉卢文的"佛"字,可见当年于阗全民信佛的盛况。

当玄奘沉浸在于阗的佛法世界里时,七八个月过去了,大唐信使终于到了,带着唐太宗的手谕。唐太宗并未追究玄奘的"偷渡"之罪,并且安排了沿途各地官员相迎,请他尽快回国。朝廷的态度比他预期的还要乐观一些,玄奘激动不已,立即与于阗王商议回国事宜,于阗王也给予了玄奘大量钱财物资,设宴相送。按照太宗的要求,于阗王为玄奘组织了一小队通晓梵语、经文的僧侣,让他们一起出发。天刚亮,玄奘就启程了。太阳正冉冉升起,令人无比期待。

沙漠之中的神秘国度

从于阗国出发,玄奘经过精绝古城(今和田地区民丰县尼雅遗址)、折摩驮那国(今巴音郭楞蒙古自治州且末县),一路东行,来到了古老的楼兰国(今巴音郭楞蒙古自治州若羌县)境内。楼兰,一个充满神秘与想象的地方,考古学家王炳华先生更是对楼兰充满向往。他曾说:"去楼兰,是我深埋在心底多少年的一个夙愿,是一个想起来就让人心跳不止的工作地点,它的吸引力实在太大了。"

楼兰曾是汉代"西域三十六国"之一,其后汉臣傅介子刺杀楼兰王,改为鄯善国,汉朝军队从此进驻楼兰,中原王朝打开了通往西域的大门。魏晋时期,鄯善在吐谷浑的统治之下,隋代也曾在这里设置鄯善郡。唐初,粟特人康艳典率领胡人来到此地建立石城镇,成为东西交通的节点。

在《大唐西域记》中,玄奘对于楼兰故地并没有过多的描述,此刻他的内心是无比兴奋的,也是焦急万分的。太宗的诏敕已下,他必须心无旁骛地尽快赶往长安,但自汉代以来关于楼兰的英雄事迹和家国情怀早已在他内心深处不断激荡。傅介子斩

楼兰故城遗址

杀楼兰王、班超"不入虎穴,焉得虎子"的故事在他脑海里不断浮现,正是有了中原将士的前赴后继,这里才成为汉代治理西域的稳定基地。到了唐代,楼兰绿洲虽已失去丝绸之路桥头堡的地位,但"楼兰"却成为边塞诗的重要意象,玄奘离开楼兰百余年后,一位叫王昌龄的诗人写道,"黄沙百战穿金甲,不破楼兰终不还",在士人渴望建功边塞的社会潮流中,将"楼兰"这一意象推向了高潮。

发现楼兰故城的是瑞典探险家斯文·赫定。1900年,斯文·赫定的助手奥尔德克在返回寻找铁铲的途中无意中发现了一座古城,斯文·赫定听闻后惊喜不已,但由于补给不足,他决定来年再深入探索。1901年2月,斯文·赫定再次来到这片沙漠,终于找到了这座神秘的古城,并进行了挖掘。此后,该古城被确定为楼兰故城。

现存的楼兰故城遗址略呈正方形,从其布局来看,楼兰城分为3个区,中部和东南部为行政区,西部和西南部为住宅区,以佛塔为中心的东北部为佛寺区。其中,考古工作者在西南区发现了著名的

楼兰故城"三间房"遗址

"三间房"遗址,由夯土筑成的4堵厚墙构成,坐北朝南,目前学者一般认为其为官署遗址,也有人推测可能为粮仓或者兵器库遗址。此外,该城池的特别之处在于有一条河道呈东西向横贯而过。曾有学者认为,古城内尚未发现任何一口水井,说明当时的民众取水全部依赖于河水,因此这条横贯古城的河流很可能就是当时民众的重要水源。

一直以来,楼兰故城的废弃与消失都笼罩着一层神秘的面纱,实际上很可能与当地的水源变动密切相关。早在张骞出使西域时,得知楼兰是一个"临盐泽"的绿洲国家,"盐泽"就是罗布泊,是楼兰的生命之源,其主要水源来自横穿西域的塔里木河。1876年,俄国探险家普尔热瓦尔斯基慕名考察了罗布泊,发现罗布泊是一个"游移的湖",他认为塔里木河向东注入罗布泊,由于沉积泥沙过多,湖底抬高,河流就会改道,而后注入东南地区的另一个湖泊,如此南北往复,来回摆动,每隔1500年为一个周期。如此就可解释楼兰在4世纪末废弃的问题,因为很可能刚好处于一个"周期"的末期。

楼兰被废弃后,其深厚的历史文化也被深埋沙丘之下,近年来在考古工作者的努力之下逐渐重见

"楼兰美女"干尸　新疆维吾尔自治区博物馆藏

天日。如古墓沟、铁板河、小河墓地等墓葬遗存，出土了"楼兰美女""小河公主"等干尸，将数千年前这里的社会生活、民众的审美情趣以及原始崇拜等呈现给世人。

告别楼兰，玄奘一行穿过荒漠戈壁继续东行，终于来到大唐边境。此处当时为沙州（今敦煌市）的辖境范围，唐朝早已派官员以及换乘的马匹在此等候。抵达沙州后，玄奘激动不已，再次向朝廷上表汇报行程。接到奏表的唐太宗极为重视此事，他安排了近臣房玄龄接待玄奘，整个长安城也对这个舍身求法、百折不挠的出家人充满了无限期待。

跟着玄奘走丝路

最后的别离

葛兆光先生曾说:"除了佛教以外,古代中国从来没有受到过真正强大的文明挑战。"这无疑告诉我们,佛教对于古代中国的影响渗透了治理体系、社会文化、民众思想等方方面面。在唐朝强盛之际,玄奘的归来必然受到瞩目和尊崇。唐太宗赏识他的才学,甚至劝他还俗来辅佐朝政;唐高宗更是将玄奘称为"国宝",礼遇隆厚。在人生最后的日子,玄奘唯一的遗憾是从印度带回的佛经还没有翻译完。

慈恩寺塔的无尽荣耀

玄奘活着回来了。在众人的簇拥中，玄奘骑马缓缓走进了开远门。在这熟悉的地方，他仿佛看到了当年那个步履匆匆的年轻僧侣，跟着四处逃荒的人群逃出长安城，在人群中回望了一眼开远门，他知道这可能是最后一眼。而如今，他又重回长安城，在房玄龄等人的接待下，将带回的佛肉舍利150粒、佛像7躯以及经书657部，在长安城展出。从朱雀街到弘福寺，水泄不通，众人争先一睹玄奘法师的风采。

玄奘在弘福寺安顿下来后，就即刻赶赴洛阳，太宗在洛阳宫仪鸾殿接见了玄奘。在听完玄奘西行所见所闻的陈述后，太宗对玄奘非常欣赏，一连几日都让玄奘出入随行。此时太宗正在厉兵秣马，准备平定塔里木盆地，玄奘的到来无异于为他提供了最前沿的一手情报。玄奘每到一国，都是与皇家贵族打交道，对于各国的政治制度、军防建置自然是有所了解。

太宗于是命玄奘尽快将西行所见所闻写下来，并说道："印度佛国地处遥远的异域，前代史书多是道听途说，法师既然曾亲临当地，应当尽快修书一部，将这广阔的西域之国展示给天下人看！"玄奘也十分清楚太宗的用意，此时大唐的西域战略蓝图急需这份情报信息，太宗还提出玄奘实乃一辅政大才，劝他还俗来辅佐自己。当时又正值太宗为征辽东而调兵遣将之际，太宗就邀请玄奘一起东行观战，共话未来。

面对太宗提出的整理情报、还俗辅政、观览战争的一系列要求，玄奘谨慎地答应完成第一个，婉拒了其他两个。既然答应了太宗，玄奘就不敢怠慢，回国后的第二年，即贞观二十年（646），便交上一份令太宗满意的答卷，这就是著名的《大唐西域记》。著述中详细记载了塔里木盆地、中亚地区以及印度等地各国的地理形势、风土人情、宗教文化和军防情况，就当时而言，《大唐西域记》不仅是一份高级别的一手情报，更是填补了中原对7世纪印度现状了解的空白。

两年后，太子李治为感恩母亲文德皇后，在长安城东南的晋昌坊修建了一座寺院，名曰"慈恩寺"，即大慈恩寺。这座辉煌壮丽的寺院，风头完全盖过了朴素雅致的弘福寺，极尽奢华铺陈，预示

206　跟着玄奘走丝路

大慈恩寺

着盛唐之世。声誉日隆的玄奘遂从弘福寺移住大慈恩寺，他的译经班子也一起转到慈恩寺，这里凝结着他一生的心血。

在慈恩寺译经期间，玄奘创立了中国佛教八宗之一的法相宗，又称"唯识宗""慈恩宗"。法相宗奠基于玄奘时期，正式成立于其弟子窥基之手，窥基完成了《成唯识论》，确立了法相宗的核心地位，窥基也成为法相宗的实际领袖。当然，玄奘没有看到的是，法相宗并没有伴随着唐朝的发展走向鼎盛。根据学者的研究，武则天时期，由于慈恩僧团与前朝关系等原因，以窥基为首的慈恩寺逐渐失去了往日的荣耀。尽管武则天大力推崇佛教，但佛教的中心逐渐转移至西明寺。在法相宗发展最关键的时期，窥基被迫离开长安，法相宗也逐渐退出了唐代佛教的中心舞台。至玄宗时期，法相宗彻底走向衰败。

慈恩寺内的大雁塔是由玄奘亲自主持修建的，如今已经成为西安市的地标性建筑。大雁塔的名称来源于玄奘曾在印度时的一段经历，玄奘当时在那烂陀寺跟随戒贤法师学习佛法，闲暇时便周游寻访圣迹。在那烂陀寺附近有一座因陀罗势罗窭诃山，山前有一座佛塔名为亘娑，即"雁塔"之意。

很久之前,这座寺院的僧人信奉小乘佛教,他们习惯食用三净肉。然而,有一天,寺院里一时买不到三净肉了,众僧都在饿着肚子礼佛。主事的僧人望着空中飞过的雁群,不由想起了佛祖"舍身饲虎"的故事,于是半开玩笑地说道:"菩萨啊,今日我们的伙食供应不上了,大家都饥肠辘辘地来拜佛,您是否知道啊。"结果只见空中领头的大雁忽然飞回,从重重云层中跌落下来,坠地而死,成为他们可以吃的"自死肉"。主事的僧人顿时感到非常惭愧与惧怕,就将这件事情告诉了大家,大家听到后都惊叹不已,感动得泪流满面,都认为"这大雁就是菩萨"。从那以后,这座寺院的僧侣都改信大乘佛教,不再食用任何肉食,并且为大雁修建了一座灵塔,世世代代纪念它。

玄奘被这段"大雁舍身"的故事深深折服。或许当时在他心里,已经有了未来慈恩寺塔的模样,并将它命名为大雁塔。而"大"字,正是指代"大乘佛教",暗含了一段小乘佛教信徒被佛祖感化转信大乘的故事。

近一个世纪后,大唐诗坛上几颗耀眼的明星齐聚慈恩寺,他们登上大雁塔,留下了脍炙人口的诗句，写下了意气风发、建功立业的豪情。其中一人名岑参，他刚从西域高仙芝幕下归来，立功边疆的壮志让他心潮澎湃，他的视线穿过大雁塔的覆钵顶，似乎也与当年西行归来的玄奘法师遥遥对视。他们走过同样的路，有着同样"七层摩苍穹"的梦：

> 塔势如涌出，孤高耸天宫。
> 登临出世界，磴道盘虚空。
> 突兀压神州，峥嵘如鬼工。
> 四角碍白日，七层摩苍穹。
> 下窥指高鸟，俯听闻惊风。
> 连山若波涛，奔凑似朝东。
> 青槐夹驰道，宫馆何玲珑。
> 秋色从西来，苍然满关中。
> 五陵北原上，万古青濛濛。
> 净理了可悟，胜因夙所宗。
> 势将挂冠去，觉道资无穷。

我们今天所看到的大雁塔为四方形楼阁式塔，通高约64米，是几经修葺后保存下来的。大雁塔修好后，却很快就经受不住长安的风雨洗礼。武则天时期，不得不改修佛塔，这次改修规模比较大，把玄奘建造的砖表土心的西域塔形变为中原的楼阁式塔，塔内还设置了楼梯，可以攀登上去。并且当时塔高增加了一倍，变为10层。此后又经历多次修葺，今存的大雁塔为7层，底层边长约25米，登塔眺望四周，长安城八方四景可尽收眼底。

在大慈恩寺广场前伫立着一尊玄奘的雕塑，他沉着睿智，目光笃定，这让我们回想起高昌故城展馆前那尊"行者"装扮的玄奘雕塑。从高昌故城前的风尘仆仆到慈恩寺前的功德圆满，玄奘走过了半生，完成了少年时的宏愿，他见证了大唐帝国的崛起，也将引领唐代佛教发展的新方向。

在如履薄冰的日子里

太宗对玄奘的礼遇愈发隆重，他非常欣赏玄奘的才华，有时候并非将玄奘只看作出家人。玄奘博通古今，山川形势各类知识极为丰富，较之于太宗朝的其他股肱之臣而言，玄奘有着别具一格的人格魅力。

贞观二十二年（648）春天，太宗幸玉华宫，也就是长安以北150千米左右的避暑行宫，六月时命玄

西安大雁塔

大雁塔南广场玄奘法师塑像

奘前往玉华宫，二人相谈甚欢。太宗常常与他谈论政事，他也为太宗提供专业的"情绪价值"，太宗一生戎马，总有太多忧思，见到玄奘后总能感到安静平和。他常问玄奘"如果要建立功德，什么样的方式最好呢"，玄奘便回答"度僧为最"，希望他普度众生，太宗也很是满意，当年全国就剃度了僧尼18500余人。

太宗曾经答应为玄奘新译的佛经作序，趁此机会，玄奘又请求了一次。太宗爽快地答应了，挥笔而就，写下了《大唐三藏圣教序》。玄奘感激涕零，上表陈谢，太宗也手写回信予以称赞。可以发现，从于阗"陈情表"开始，玄奘呈给太宗的每一篇文稿、奏表，太宗几乎都有正式的书面答复，支持他每一项关于推动佛教发展的请求。除了一代帝王对人才的爱惜与欣赏，在玄奘心里，这就是真挚的、常人难以企及的情谊啊！就连玄奘的弟子彦悰也认为："释迦牟尼所说的'法付国王'，也就是如此啊！"

然而，福兮祸之所伏。贞观二十三年（649），玄奘的得意弟子辩机，因为与高阳公主私通之事败露而被腰斩，整个慈恩寺陷入了恐慌之中。早在居于弘福寺期间，朝廷就曾帮助玄奘组织译经班子，当时各地高僧都云集长安城，玄奘亲自挑选了众多熟悉大小乘佛教、才智杰出之人，其中就包括这位颇具传奇色彩的弟子——辩机，此外又有道宣、慧立等共计23位弟子脱颖而出。当译经班子搬到了慈恩寺后，译经事业刚如火如荼地展开时，怎料后院却起火了。

辩机容貌俊秀，才思敏捷，《大唐西域记》就是在玄奘口述的基础上由辩机整理而成，因而他深得玄奘的欣赏和重用。当初玄奘偶闻辩机似与高阳公主有染时，一颗心就悬了起来，但除了规诫，也是毫无办法。然而，纸里包不住火。高阳公主送给辩机的玉枕被搜查了出来，事情败露，高阳公主是太宗最宠爱的女儿，太宗得知后盛怒不已，直接下令将辩机腰斩。玄奘悬着的一颗心轰然坠地。

更令玄奘难过的是，不久之后太宗就驾崩了。高宗继位后，玄奘因特殊的身份被归入"旧臣"名列，高宗与玄奘以及整个慈恩寺的关系变得十分微妙。如果说太宗时期玄奘还可以在其支持下全力以赴扩大佛教、精进译经。那么在高宗朝时，玄奘则不得不尽力谋划退路，丝毫不敢掉以轻心。

于是,玄奘向高宗请求前往玉华宫译经,远离长安和慈恩寺的纷纷扰扰,同时又接受高宗及朝廷的监管。高宗很快就同意了。显庆四年(659)冬天,玄奘来到玉华宫,入住肃成院,在安静的山谷之中,玄奘的心神得到慰藉,他将在这里走完人生的最后一程。

众生的怀念

繁重的译经工作耗尽了玄奘的精力,与皇帝的相处、在佛门与朝廷之间的周旋更是让玄奘筋疲力尽。唐高宗继位后,玄奘就被卷入朝廷争斗中,其译经事业受到了极大的影响,诡谲的时局与繁重的译经工作耗尽了玄奘的生命之火,译完《大般若经》后,他没有酣畅淋漓的轻松感,却感觉到大限将至。

高宗麟德元年(664),玄奘的身体急剧衰弱,已经没法译经了,他开始专心于坐禅。正月初八时,一位来自高昌的弟子玄觉向玄奘汇报了一个令他心惊胆战的梦,他说:"弟子在梦中见到一尊威严高大的佛像,刚不胜欢喜,却见佛像忽然崩塌了,我很是惊恐,请问法师是不是有什么灾祸要降临到我头上了？"玄奘叹道："这不是你的灾祸，不要怕，这是我将要圆寂的征兆。"

次日傍晚，玄奘前往院后石窟礼佛。在经过窟门前的小渠时，不料脚下一滑摔倒在地，一时间无力起身。弟子们赶紧将玄奘送回肃成院，经检查后发现伤到了小腿骨，伤势严重。经过几天的精心调养仍不见好转，玄奘隐约知道自己这一关可能是过不去了。

玄奘对于死亡并不恐惧。他在印度时就曾平静地向占卜师询问自己的寿命，得知还有10年的光阴。如今一晃10余年过去了，他想着自己今生的夙愿多已满足，唯独让他放心不下的是那些还未翻译完的佛经。但他没有执着，开始从容不迫地安排身后事。他想到自己在印度时曾许下3个愿望，记得当时花环都奇迹般地落在了菩萨身上，那么他来世真的可以生在睹史多宫侍奉弥勒菩萨吗？他忽然又想起了在印度求学时的恩师戒贤法师，10多年前来自印度的僧侣带来了恩师圆寂的消息，他想起那时的自己多么悲痛欲绝，不知戒贤法师会转生于何宫呢，师徒还会再相见吗？

当年二月五日，他将弟子们都叫来，缓缓说

道:"我当初是为了静心翻译《大般若经》才到玉华宫来的,如今这部经书已经翻译出来了,我的生命也要终止了。等我圆寂后,一切从简,用粗竹席入殓即可,将我埋葬在一处僻静的山涧里,记得要远离宫寺,以免我这污浊之身有损于皇家的威严。"夜半,玄奘平静地离开了。他终于放下了一切,那些未完成的经卷,未尽的使命,都释然了。

当晚,长安城内尚不知玄奘圆寂的消息。大慈恩寺内一位名叫明慧的法师正在旋绕佛堂行道,忽然看到北方有四道白虹从北向南直贯井宿,一直延伸到慈恩寺的塔院内,皎洁明亮。明慧很是诧异,他忽然想起,从前如来灭度时,有十二道白虹从西方直贯太微。他有些惊慌,此时白虹的方向正是玉华宫所在的位置,难道是玄奘法师将要涅槃?明慧不敢再妄加猜测。第二天,他将此事说给众人时,没有人敢回应,都面露哀伤。

4天后,玄奘圆寂的消息传至长安,大慈恩寺上下震惊,悲痛不已。在大唐的夜空之上,玄奘如同一颗流星划过,掠过明亮的银河,照亮漆黑的夜空,又倏然长逝。这颗流星落在了冰冷的长夜里,也落在了众生的心里。

铜川玉华宫

  2024年夏天,我们又一次来到坐落于今铜川市西北约70千米处的玉华宫,寻访肃成院遗址。自我幼时起,就多次随长辈去观览玉华宫,依稀记得冬日的冰雕,夏日的飞瀑,一座孤高的白塔耸立在山谷之间。那时只隐约知道这个偏僻的山谷与《西游记》中的唐僧有着丝丝缕缕的关系,而今更是清楚,这里深藏着一段盛世的悲歌,见证了一个出家人的辛酸历程。

  今天的玉华宫遗址所在地已经修建成了一座颇具规模的遗址公园,我们主要参观了肃成院遗址,

肃成院遗址

如今建筑遗迹保留较少，唯有后面崖壁上的洞窟清晰可见，一条瀑布如白虹般从崖壁飞落而下。洞窟前面保存着"玄奘法师渡渠伤胫处"，正是玄奘当年意外摔伤导致最终圆寂的地方。考古工作者在渠内发掘出大量唐代遗物，上面架着一块石板，也正是当时玄奘通过的地方。

玉华宫内，在保存肃成院遗址的基础上，今人尽最大能力还原当时的场景。在一处院前小广场上伫立着今人仿刻的《大唐三藏圣教序记》碑，原碑存于大雁塔。这是唐高宗尚为太子时为玄奘书写的，当时太宗礼遇玄奘深厚。而高宗继位后，对他这个"旧臣"似乎有太多的忌惮和不满，玄奘只能一而再再而三地尽自己的能力不断上表请愿，恳请朝廷继续支持他的译经事业。

玄奘圆寂后，高宗痛哭，感叹"朕失国宝矣"，敕令将玄奘葬在浐河东岸的白鹿原。送葬玄奘法师之日，善男信女数万人，整个长安震动，僧众在他的墓地设无遮大会，一时间天地变色，鸟兽哀鸣，众人悲痛欲绝。

总章二年（669）四月八日，朝廷诏敕将玄奘迁葬樊川北原（即少陵原），理由是玄奘初葬地距长安城太近，高宗很容易就能看见埋葬玄奘的白塔，不免时常悲痛，文武百官恐伤圣上龙体，就要求迁葬玄奘。玄奘遗骨被迁葬到长安以南的少陵原，同时修建寺院，即"大唐护国兴教寺"。

玉华宫《大唐三藏圣教序记》碑（今人仿刻）

兴教寺位于距今西安城南20余千米的少陵原畔。2018年夏天，考察队计划前往青藏高原，在暂留西安期间，我和西安的一位好友一同前往少陵原。西安的夏季酷热难当，我们顶着烈日一路辗转换乘，来到了西安市长安区的少陵原，经过问询终于找到了兴教寺。走进山门，突然倍觉凉爽，这里地势高敞，微风习习，此起彼伏的蝉鸣声混杂着隐隐约约的钟磬之音。

院落内绿荫繁茂，香客众多，最引人注目的是3座灵塔，玄奘塔立于塔院正中，塔背嵌有唐文宗开成四年（839）篆刻的《唐三藏大遍觉法师塔铭》，塔身总高约21米，一共5层，平面呈方形，仿楼阁式建筑，是3座塔中最高的一座，也是我国现存最早的一座仿木结构的阁楼式砖塔。玄奘的舍利塔塔额的"兴教"二字，出自唐肃宗之手，有大兴佛教之意。

旁边两座灵塔埋葬的是玄奘的弟子窥基法师和圆测法师，两位弟子陪伴玄奘永远长眠于此。其中窥基法师17岁出家，从弘福寺跟随玄奘移住慈恩寺，与玄奘共同开创了法相宗。准确地说，法相宗奠基于玄奘，最终成就于窥基法师。圆测法师是唐代新罗（朝鲜半岛古国）人，是玄奘著名的弟子之一，圆寂后弟子将其遗骨葬于终南山。北宋时期，又从终南山分遗骨在兴教寺起塔，安葬在玄奘灵塔的一侧。此三位法师皆为法相宗作出了巨大贡献，因此兴教寺也被视为佛教法相宗的祖庭之一。

微风骤起，树荫下光影流动，凝望着这里的一草一木，玄奘波澜壮阔的一生仿佛在眼前掠过。兴教寺寄托着世人虔诚的祈愿，我们看到有几位信徒双手合十，正在绕玄奘墓塔而行。从长安到印度，从慈恩寺大雁塔到玉华宫肃成院，最终到少陵原上的兴教寺，玄奘从未走远。

护国兴教寺

参考文献

（唐）慧立、彦悰著，孙毓棠、谢方点校：《大慈恩寺三藏法师传》，中华书局，1983年。

（唐）玄奘、辩机著，季羡林等校注：《大唐西域记校注》，中华书局，2007年。

（后晋）刘昫等撰：《旧唐书》，中华书局，1975年。

（北宋）欧阳修、宋祁撰：《新唐书》，中华书局，1975年。

（北宋）司马光编著：《资治通鉴》，中华书局，2011年。

余太山主编：《西域通史》，中州古籍出版社，2006年。

钱文忠：《玄奘西游记》，青岛出版社，2014年。

林梅村：《西域考古与艺术》，北京大学出版社，2017年。

葛承雍：《大唐之国：1400年的记忆遗产》，生活·读书·新知三联书店，2018年。

王瑟：《拂去尘沙：丝绸之路新疆段的历史印迹》，生活·读书·新知三联书店，2018年。

齐东方：《我在考古现场：丝绸之路考古十讲》，中华书局，2021年。

张安福：《天山廊道军镇遗存与唐代西域边防》，社会科学文献出版社，2021年。

杨廷福：《玄奘年谱》，崇文书局，2022年。
王炳华：《瀚海行脚：西域考古60年手记》，生活·读书·新知三联书店，2024年。
［巴基斯坦］穆罕默德·瓦利乌拉·汗著，陆水林译：《犍陀罗艺术》，商务印书馆，1997年。
［俄］普尔热瓦尔斯基著，黄健民译：《走向罗布泊》，新疆人民出版社，1999年。
［英］V.S.奈保尔著，宋念申译：《印度：受伤的文明》，南海出版公司，2013年。
［法］葛乐耐著，毛铭译：《驶向撒马尔罕的金色旅程》，漓江出版社，2016年。
［瑞典］斯文·赫定著，李宛蓉译：《我的探险生涯》，人民文学出版社，2016年。
［印度］贾瓦哈拉尔·尼赫鲁著，向哲濬、朱彬元、杨寿林译：《印度的发现》，上海人民出版社，2016年。
［日］平川彰著，庄昆木译：《印度佛教史》，北京联合出版公司，2018年。
［英］奥雷尔·斯坦因著，中国社会科学院考古研究所译：《西域考古图记》，广西师范大学出版社，2019年。
［不丹］帕武著，丁乃竺译：《皓月当空：重走玄奘之路》，新世界出版社，2019年。
［日］森安孝夫著，石晓军译：《丝绸之路与唐帝国》，北京日报出版社，2020年。